Monika Köppel
Salutogenese und Soziale Arbeit

Danksagung

Mein besonderer Dank gilt Frau PD Dr. Anne Lützenkirchen. Durch ihre außerordentliche fachliche Kompetenz und menschliche Fürsorge hat sie die Arbeit begleitet und mich bei der Umsetzung meiner Ideen unterstützt. Ihr professionelles Vorbild wird auch zukünftig meine Entwicklung prägen.

Mein weiterer Dank gilt Herrn Prof. Dr. rer. pol. Klaus Hofemann. Durch ihn entstand der Wunsch das Konzept der Salutogenese und seinen Bezug zur Sozialen Arbeit näher zu untersuchen und dessen praktische Ansätze herauszuarbeiten.

Außerdem möchte ich mich bei Lisa, Marga, Stefan und Thomas bedanken. Sie haben die Arbeit Korrektur gelesen und computertechnisch so aufbereitet, dass sie ihre endgültige Form nicht nur erhielt, sondern auch behielt.

Für Peter und Lisa,
die jeden Weg mit mir gehen und mir Kraft geben.

Salutogenese und Soziale Arbeit

Monika Köppel

Jacobs Verlag

Bibliographische Information der Deutschen Nationalbibliothek
Die Deutsche Nationalbibliothek verzeichnet diese Publikation in der
Deutschen Nationalbibliographie; detaillierte bibliographische Daten sind im
Internet über http://dnb.d-nb.de abrufbar.

Copyright 2010 by Jacobs Verlag
Hellweg 72, 32791 Lage
ISBN 978-3-89918-119-7

Inhalt

1 Einleitung: Zielsetzung und Struktur der Arbeit

Der Begriff der Salutogenese hat in den letzten Jahren in den Professionen der Gesundheitswissenschaften einen regelrechten Boom erfahren, so dass in Fachkreisen immer häufiger von einem Paradigmenwechsel vom pathogenen zum salutogenen Ansatz die Rede ist. In der vorliegenden Arbeit soll geprüft werden, ob sich dieser Paradigmenwechsel tatsächlich vollzogen hat, bzw., ob die Grundlagen für einen solchen Wandel vorliegen und auf welchen Ebenen sich dieser Wandel abspielt. Dazu werden zum einen gesundheitspolitische und soziokulturelle Aspekte näher betrachtet, zum anderen soll der Frage nachgegangen werden, inwieweit der Begriff der Salutogenese eine Basis in der Bevölkerung findet.

In einem weiteren Schritt wird dargelegt, warum Salutogenese primär als eine sozialpädagogische Aufgabe verstanden werden muss, welche Voraussetzungen für die Durchführung salutogenetisch orientierter sozialpädagogischer Arbeit vorliegen und welche Voraussetzungen noch geschaffen werden müssen, um diese Aufgabe adäquat erfüllen zu können. Die Erhebung des Verbreitungsgrades des salutogenetischen Konzepts erfolgt durch quantitative Forschung, deren Ergebnisse durch lösungsorientierte Ansätze komplettiert werden.

Als Resümee der gewonnenen Erkenntnisse wird schließlich an der Konzipierung eines Gesundheitszentrums aufgezeigt, wie eine konkrete sozialpädagogisch orientierte Arbeit in der Praxis aussehen kann. Die methodische Vorgehensweise gliedert sich in den aktuellen wissenschaftlichen Diskurs, in den zum Teil persönliche Erfahrungen aus Lehre und Praxis mit einfließen, in einen empirischen Teil, der Methoden der quantitativen Forschung beinhaltet und einen Praxisteil, der richtungsweisend für Möglichkeiten salutogenetisch orientierter sozialpädagogischer Arbeit sein soll.

Die Arbeit endet schließlich mit der Zusammenfassung der gewonnenen Erkenntnisse und einer Prognose, die einen Ausblick auf zukünftig mögliche Entwicklungen bietet. Das hier formulierte Resümee soll gleichzeitig als Arbeitsauftrag dienen, um die Implementierung des Konzeptes innerhalb unseres Gesundheitssystems weiter voran zu treiben und die Etablierung sozialpädagogischer Interventionen innerhalb dieses Konzeptes zu unterstützen.

Ziel der Arbeit ist es, den momentan vorherrschenden Ist - Zustand, auf politischer und sozio - kultureller Ebene darzulegen und konkrete Wege salutogenetisch orientierter sozialpädagogischer Arbeit aufzuzeigen. Um dieses Ziel zu erreichen, sollen folgende Fragen beantwortet werden:

1. Inwieweit hat sich tatsächlich ein Paradigmenwandel vollzogen? Wenn ja, welche Bereiche werden davon erfasst?

2. Ist das Konzept in der Bevölkerung bekannt oder beschränkt sich das Wissen um die Salutogenese lediglich auf Fachkreise?

3. Inwieweit ist die salutognetisch orientierte Intervention eine klassische sozialpädagogische Aufgabe?

4. Liegen die Voraussetzungen zur Erfüllung dieser Aufgabe bereits vor oder müssen erst noch Voraussetzungen geschaffen werden, um die vollständige Implikation des salutogenetischen Konzeptes in die Praxis der Sozialen Arbeit zu gewährleisten?

4

A Theoretischer Teil

2 Schwerpunkte und Ziele der Gesundheitspolitik als strukturelle Voraussetzung eines Paradigmenwandels

Um zu prüfen, ob die strukturellen und finanziellen Voraussetzungen für die multiprofessionelle Umsetzung des salutogenetischen Konzeptes überhaupt gegeben sind, soll zunächst die aktuelle gesundheitspolitische Ausrichtung sowie die derzeitige Struktur unseres Gesundheitswesens untersucht werden. Allgemein betrachtet versteht man unter Gesundheitspolitik alle Maßnahmen zur Gesundheitsversorgung der Bevölkerung. Unterteilt werden diese Maßnahmen in Prävention (Verhaltens- und Verhältnisprävention, auf individueller und struktureller Ebene, primär-, sekundär- oder tertiärpräventiv), Kuration und Rehabilitation bzw. Pflege. Die gesundheitspolitischen Ziele wiederum lassen sich in drei, teilweise widerstreitige, Ebenen unterteilen. Die Versorgungsebene, die gesellschaftliche Ebene und die ökonomische Ebene. Die Versorgungsebene verfolgt das Ziel, die qualitativ bestmögliche Versorgung für die Bevölkerung sicherzustellen. Die gesellschaftliche Ebene dient der Wahrung des Solidaritätsprinzips. Sie stellt allen BürgerInnen unabhängig ihres sozialen Status und Einkommens, die notwendigen Gesundheitsgüter und –leistungen zur Verfügung. Die ökonomische Ebene sichert schließlich den möglichst effektiven und effizienten Ressourceneinsatz.

Die drei vorgestellten Ebenen beschreiben gleichzeitig das Konfliktfeld der Gesundheitspolitik, da die einzelnen Akteure, aufgrund ihrer individuellen Interessenlagen, meist unterschiedliche Prioritäten setzen. Daher erfolgt die Rahmengebung über politisch-parlametarische Organe auf Bundes- und Landesebene und die endgültige Ausgestaltung über die Organe und Träger des Gesundheitswesens.

Hier hat sich seit Beginn der neunziger Jahre ein tiefgreifender Wandel vollzogen, der dadurch gekennzeichnet ist, dass die beteiligten Akteure in ein Anreizsystem integriert werden. Dadurch sollen diese dazu veranlasst werden, sich aufgrund ihrer eigenen finanziellen Interessen bei der Erbringung, Finanzierung und Inanspruchnahme von Leistungen am Ziel der Ressourcenbegrenzung zu orientieren. Die wichtigsten Instrumente dieses Wandels sind die Einführung und der Ausbau des Wettbewerbs unter den

Krankenkassen, sowie die Einführung von Pauschalentgelten und Individualbudgets für die Leistungserbringer. Weitere Bemühungen zielen auf die Verbesserung der Versorgungsqualität ab. Wichtige Beiträge hierzu sind die gesetzliche Verpflichtung zum internen Qualitätsmanagement der einzelnen Leistungsanbieter, die Einführung der Positivliste der erstattungsfähigen Arzneimittel, die Integration von ambulanter und stationärer Versorgung, die Stärkung der hausärztlichen Versorgung und die Aufwertung von Primärprävention und Gesundheitsförderung als Aufgaben der Krankenkassen (*vgl. GERLINGER 2002, S. 3 - 21*). Es zeichnen sich also grob zwei Ziele ab, zum einen die Steigerung der Effektivität und Effizienz bezüglich des Mitteleinsatzes, zum anderen eine qualitativ höhere, patientenzentrierte Versorgung.

Die Bundesgesundheitsministerin brachte diese Ziele in ihrer Rede anläßlich der Veranstaltung „Mittel- und langfristige Gestaltung des deutschen Gesundheitswesens" in Berlin auf die Formel „Qualität sichern und Wirtschaftlichkeit stärken" (*vgl. SCHMIDT 2001*).
Als wesentliches Steuerungsgremium dieser Bemühungen ist der Bundesausschuss der Ärzte und Krankenkassen (BAK) hervorzuheben, der direkt dem Bundesgesundheitsministerium untersteht. Dabei handelt es sich um ein Gremium der gemeinsamen Selbstverwaltung, das sich parietätisch aus Vertretern der Ärzteschaft und der Krankenkassen, sowie drei unparteiischen Mitgliedern zusammensetzt. Seit dem zweiten GKV Neuordnungsgesetz (dritte Stufe der Gesundheitsreform, nach dem Gesundheitsreformgesetz) obliegt dem BAK die Überprüfung und Genehmigung sämtlicher diagnostischer und therapeutischer Kassenleistungen. Seine Bewertungskriterien dabei sind diagnostischer und therapeutischer Nutzen, medizinische Notwendigkeit und Wirtschaftlichkeit. Sofern diese Kriterien für die Mitglieder des BAK nicht ersichtlich sind, werden die geprüften Leistungen von der Leistungspflicht der gesetzlichen Krankenkassen ausgeschlossen. Kritiker werfen dem Bundesausschuss allerdings eine einseitige Interessensvertretung von Ärzten- und Kassenverbänden zu Lasten der Patienten und deren Versorgung vor. Begründet wird dieser Vorwurf mit der Tatsache, dass seine Mitglieder nicht ausschließlich aus unabhängigen Experten bestehen, sondern primär aus Spitzenfunktionären von Ärzte- und Kassenverbänden, die ihre eigenen Interessen vertreten und schützen.
Eine weitere Prioritätenverlagerung soll sich bei der Finanzierung der Leistungsarten vollziehen. Hier strebt das Bundesgesundheitsministerium eine Schwerpunktverlagerung zur Prävention und Gesundheitsförderung an. Der Grundstein für diese Entwicklung wurde mit der GKV – Gesundheitsre-

form 2000, speziell mit dem im Januar 2000 in Kraft getretenen § 20 SGB V, Prävention und Selbsthilfe, gelegt. Weitere Unterstüzung bietet der § 65b SGB V, Förderung von Einrichtungen zur Verbraucher- und Patientenberatung, der die Spitzenverbände der Krankenkassen dazu verpflichtet, Einrichtungen zur Verbraucher- und Patientenberatung im Rahmen von Modellvorhaben zu fördern.

2.1 Gesundheitsausgaben und Gesundheitspersonal

Die folgenden Tabellen sollen Informationen über die Entwicklung und den aktuellen Stand der Gesundheitsausgaben nach Leistungsarten vermitteln und die zur Zeit im Leistungssystem des Gesundheitswesens vorgesehenen Berufsgruppen vorstellen. Sie stellen damit eine wesentliche Grundlage für die Analyse und Bewertung der gesundheitspolitischen Umstrukturierung, bzw. eines möglichen Paradigmenwandels dar. Wie in den bisherigen Ausführungen deutlich wurde, wird von Seite der Bundesregierung eine Neuorientierung und Umstrukturierung im Gesundheitswesen gefordert. Bei der Betrachtung des aufgeführten Datenmaterials wird jedoch schnell deutlich, dass die finanzielle Basis für diese Forderungen noch nicht gelegt wurde und entsprechende Professionen, wie z. B. Sozialpädagogen, zur Erfüllung der neuen Anforderungen nicht in das Leistungssystem integriert wurden. Hier wird also eine Diskrepanz zwischen aktuellen Forderungen und strukturellen Voraussetzungen deutlich, die die eigentlichen Zielformulierungen ad absurdum führen.

Bislang stellt eine individuell ausgehandelte Kooperation mit einem der Krankenkassenverbände für medizinfremde Professionen die einzige Möglichkeit dar, innerhalb des Gesundheitssystems tätig zu werden. Der Rahmen, in dem sich diese Tätigkeiten bewegen, ist allerdings sehr eng gesteckt. So haben die Spitzenverbände der Krankenkassen einheitliche Richtlinien zur Umsetzung des § 20 Abs. 1 und 2, SGB V, entworfen. Hier heißt es, dass Sozialpädagogen lediglich bei Maßnahmen zur Stressreduktion (Entspannung) und zum verantwortlichen Umgang mit Genuss- und Suchtmitteln tätig werden dürfen, so dass die hier vorhandenen fachlichen Ressourcen bei weitem nicht genutzt werden (*vgl. SPITZENVERBÄNDE DER KRANKENKASSEN, S. 12 – 33*).

Tabelle I:
Gesundheitsausgaben nach Leistungsarten, in Mill. Euro

Gegenstand der Nachweisung	1992	1995	1996	2000	2001
Leistungsarten:					
insgesamt	163 164	193 991	203 030	218 784	225 931
Prävention / Gesundheitsschutz	6 914	8 756	9 071	9 841	10 084
allgem. Gesundheitsschutz	3 194	3 422	3 429	3 844	3 994
Gesundheitsförderung	1 831	2 921	3 170	3 332	3 382
Früherkennung	1 232	1 524	1 510	1 594	1 581
Gutachten u. Koordination	487	639	677	669	691
Förderung der Selbsthilfe	170	251	285	401	436
ärztliche Leistungen	46 329	53 275	54 453	58 072	59 580
Grundleistungen	15 125	17 007	17 694	18 614	19 088
Sonderleistungen	23 400	27 065	27 448	29 292	30 105
Laborleistungen	4 293	5 105	5 147	5 651	5 773
strahlendiagnostische Leist.	3 511	4 098	4 163	4 515	4 614
Pflegerische / therapeut. Leist.	30 371	40 841	45 587	50 509	51 621
Pflegerische Leistungen	23 823	32 822	37 128	41 142	41 856
therapeutische Leistungen	5 887	7 222	7 644	8 388	8 773
Mutterschaftsleistungen	660	797	816	979	992
Ausgleich krankheitsbed. Folgen	2 202	2 877	3 126	3 887	4 062
Unterkunft Verpflegung	12 875	15 298	14 718	14 222	14 454
Waren	44 361	49 117	52 069	57 291	60 363
Arzneimittel	25 895	27 025	28 385	32 408	34 927
Hilfsmittel	7 639	9 627	10 671	11 970	12 063
Zahnersatz	5 954	5 854	6 300	5 628	6 001
sonstiger med. Bedarf	4 873	6 610	6 713	7 284	7 372
Transporte	2 067	2 944	3 037	3 454	3 613
Verwaltungsleistungen	8 058	10 131	10 112	11 577	11 951
Forschung / Ausbild. / Invest.	9 988	10 753	10 856	9 931	10 203
Forschung	1 734	1 944	2 055	2 280	2 285
Ausbildung	1 648	1 659	1 602	1 647	1 643
Investitionen	6 605	7 150	7 199	6 004	6 257
Nachrichtlich:					
Gesamtgesundheitsausgaben (OECD)	159 781	190 389	199 373	214 858	222 003
laufende Gesundheitsausgaben (OECD)	153 176	183 238	192 174	208 853	215 728
Einkommensleistungen	59 771	67 988	66 364	64 785	67 498

Quelle: vgl. STATISTISCHES BUNDESAMT 2003, S. 38

Tabelle II:
Gesundheitspersonal nach Berufen, in 1 000

Gegenstand der Nachweisung	1997	1998	1999	2000	2001
Berufe insgesamt	4 107	4 104	4 098	4 087	4 122
Gesundheitsberufe	2 086	2 110	2 129	2 152	2 179
Ärzte, Zahnärzte, Apotheker	397	402	407	411	415
Ärzte	283	287	291	295	298
Allgemeinmedizin, Innere, Kinder	79	81	83	84	86
Augenheitlkunde	9	6	6	6	6
Chirurgie, Orthopädie	24	25	26	27	28
Frauenheilkunde/Geburtshilfe	14	14	15	15	15
Hals-, Nasen-, Ohrenheilkunde	5	5	5	5	5
Neurologie, Psychiatrie	14	15	16	17	17
Radiologie	7	7	7	7	8
Ärzte o. n. F., praktische Ärzte	102	100	100	99	98
andere Fachärzte	31	32	33	34	35
Apotheker	52	52	53	53	53
Zahnärzte	62	62	63	63	64
übrige Gesundheitsberufe	1 689	1 709	1 723	1 741	1 765
Arzt-/Zahnarzthelfer	489	490	488	490	493
Diätassistenten	11	11	12	11	12
Heilpraktiker	16	16	18	17	18
Helfer in der Krankenpflege	203	203	207	216	223
Krankenschwestern, Hebammen	689	697	695	696	697
Physiotherapeuten, Masseure	105	112	120	119	126
med.-techn. Assistenten	94	94	94	94	93
pharm.-techn. Assistenten	41	44	44	47	48
therapeutische Berufe a. n. g.	40	43	45	52	54
soziale Berufe	213	227	246	263	282
Altenpfleger	199	211	229	245	263
Heilerziehungspfleger	5	6	6	6	7
Heilpädagogen	9	10	10	11	12
Gesundheitshandwerker	145	141	136	135	136
Augenoptiker	41	39	38	40	41
Orthopädiemechaniker	11	11	12	11	11
Zahntechniker	78	75	69	68	67
sonstige Gesundheitshandwerker	16	16	16	16	16
sonstige Gesundheitsfachberufe	85	85	83	85	84
Gesundheitsingenieure	14	15	15	14	14
gesundheitssichernde Berufe	12	13	14	16	16
Gesundheitstechniker	9	8	8	8	8
Pharmakanten	5	5	5	5	5
pharm.-kaufm. Angestellte	45	45	41	41	41
andere Berufe im Gesundheitswesen	1 577	1 541	1 504	1 453	1 440

Quelle: vgl. STATISTISCHES BUNDESAMT 2003, S. 44

2.2 Salutogenetische versus pathogenetische Ansätze im Gesundheitssystem

Betrachtet man die Verteilung der Gesundheitsausgaben, so wird schnell deutlich, dass sich der, von gesundheitswissenschaftlicher und gesundheitspolitischer Seite her, geforderte Dreischritt aus Vorbeugung (Prävention und Gesundheitsedukation nach salutogenem Ansatz), Kuration und Rehabilitation, bzw. Pflege in der Praxis noch nicht durchgesetzt hat, sondern nach wie vor ein Ungleichgewicht zu Gunsten des kurativen Ansatzes besteht. Es handelt sich also auch heute noch mehr um ein Krankenversorgungs- als um ein Gesundheitssystem. Auch wenn im Gesetz zur Reform der gesetzlichen Krankenversicherung, das am 1. Januar 2000 in Kraft trat, eine neue Schwerpunktsetzung in Richtung Gesundheitsförderung und Prävention erfolgte, insbesondere durch die Novellierung des § 20 Sozialgesetzbuch V. Hierdurch erhalten Versicherte von ihren Krankenkassen nun auch wieder Leistungen für Maßnahmen der Prävention. Es muss jedoch festgehalten werden, dass der hierfür veranschlagte Betrag von 2,56 Euro pro Versicherungsnehmer und -jahr sehr gering ist, auch im Hinblick auf eine jährliche Anpassung dieses Betrages (*vgl. RIEDEL 2000, S. 35*).

Faltmaier merkt dazu an, dass es trotz des Bewusstseins über die Notwendigkeit der Prävention, als zentralem Bestandteil einer gesundheitlichen Versorgung, immer wieder bei Lippenbekenntnissen und unverbindlichen Erklärungen seitens der politischen Ausgestaltung bleibe. Er ist der Meinung, dass im Gesundheitssystem auch weiterhin Praktiken und Strukturen fortbestehen, die fast ausschließlich auf die medizinische Behandlung und Versorgung von Krankheiten setzen. Dabei macht er deutlich, dass in der Gesundheitspolitik Prävention zwar häufig gefordert, gleichzeitig jedoch der Status quo der kurativen Gesundheitsversorgung verwaltet sowie ökonomisch und ideologisch abgesichert wird. Dadurch läge der Gedanke nahe, dass der politische Wille, der Mut und die Kraft zur politischen Umgewichtung im Gesundheitssystem fehlt (*vgl. FALTMAIER 1999, S. 28*).

Troschke, von der medizinisch - soziologischen Abteilung der Universität Bielefeld, vertritt hierzu die eher optimistisch gefärbte Meinung, dass das Interesse an einer Umgewichtung der Ressourcenverteilung von der Kuration zur Prävention reziprok zu dem kollektiven Schaden durch die steigenden Kosten innerhalb des Gesundheitssystems wächst. Eine Prognose, die eine tatsächliche Umgestaltung des Gesundheitssystems zumindest in Aussicht stellt, da die Kosten und somit der kollektive Schaden, durch den demographischen Wandel und Zunahme chronischer Erkrankungen, ständig steigen (*vgl. TROSCHKE 1993, S. 157*).

Glaeske und der „Gesprächskreis Arbeit und Soziales" machen die fehlende sektorübergreifende Versorgung für die weitläufig vorherrschende Diskontinuität verantwortlich. Dazu führen sie die in Deutschland immer noch bestehende starke Trennung des ambulanten und stationären Sektors an, durch den eine sektorübergreifende Versorgung, wie sie insbesondere bei der Behandlung bösartiger Neubildungen und anderer chronischer Erkrankungen sinnvoll wäre, erschwert wird. Denn obwohl vom Gesetzgeber entsprechende Veränderungen in der Gesundheitsreform 2000 dazu verabschiedet wurden, scheint diese rigide Trennung auch weiterhin fortzubestehen. Positiv bewerten sie das vom Bundestag verabschiedete Gesetz zur Novellierung des Risikostrukturausgleichs, durch das bislang fehlende „Disease Management Programme", zur besseren Versorgung chronisch Kranker, erstmalig gefördert werden. Außerdem plädieren sie für die Annahme des demographischen Wandels als Herausforderung, da ihrer Meinung nach ein Zuwachs an alten Menschen nicht zwangsläufig auch einen Zuwachs an Kosten bedeuten muss. Als Voraussetzung sehen auch sie hierfür allerdings eine deutlichen Stärkung der Prävention innerhalb unseres Gesundheitssystems, in den nächsten Jahren (*vgl. GLAESKE u. a. 2001, S. 7 - 12*).
Eine Meinung, die eng mit den Erkenntnissen Antonowskys korreliert, wenn man die Gesundheitsedukation zur Prävention zählen möchte. Zusammenfassend könnte man die derzeitige gesundheitspolitische Lage so beschreiben, dass alte Strukturen aufgebrochen und Neuerungen in Richtung Gesundheitsförderung auf den Weg gebracht wurden.

„Die Neuorientierung der Gesundheitspolitik der gegenwärtigen Bundesregierung ist mit dem Solidaritäts - Stärkungsgesetz und der Gesundheitsreform 2000 eingeleitet worden. ... Nach den Grundsätzen „Prävention vor Kuration" und „Rehabilitation vor Frühverrentung und Pflege" hat der Gesetzgeber den Versicherten sowie Patienten Grundlagen für effektivere Versorgungsstrukturen geschaffen. Die Förderung von Selbsthilfegruppen hat einen neuen Stellenwert erhalten, denn die Selbsthilfe dient in vielfältiger und wirksamer Weise als Ergänzung professioneller Gesundheitsdienstleistungen. ... Im Sinne einer optimalen Versorgung ist die Zusammenarbeit im Gesundheitswesen zu intensivieren. Die bisherige starre Aufteilung zwischen der ambulanten und stationären Versorgung ist aufgebrochen worden. Integrierte, sektorübergreifende Versorgungsformen zwischen Haus- und Fachärzten, zwischen ärztlichen und nichtärztlichen Lei-

11

stungserbringern und zwischen ambulanten und stationären Sektor können die Versorgungssituation und die Behandlungsabläufe verbessern" (*GLAESKE u. a. 2001, S. 13 - 14*). In diesen Formulierungen wird auch deutlich, wie wichtig die interdisziplinäre Zusammenarbeit für eine qualitativ hochwertige Versorgung der Patienten ist. Leider wird dieser Erkenntnis hinsichtlich der Finanzierung von Leistungen nichtärztlicher Leistungserbringer noch keine Rechnung getragen, da nach wie vor lediglich die klassischen, im Gesundheitswesen etablierten Professionen wie Mediziner, Psychologen und andere Heil- bzw. Heilhilfsberufe im Leistungskatalog der Krankenkassen vorgesehen sind.

„Der medizinische Fortschritt ist ein Beitrag zu einer verbesserten medizinischen Versorgung des Einzelnen. Er muss weiterhin durch Forschung und Entwicklung im Bereich der Medizin gefördert werden. Dabei müssen die Interessen der Versicherten an wirksamer Prävention, verbesserten Therapien und angemessener Versorgung im Vordergrund stehen. ... Eine Gesundheitspolitik, die den Versicherten und den Patienten in den Mittelpunkt stellt, muss dafür Sorge tragen, dass Effizienz und Qualität medizinischer Leistungen ständig verbessert werden. ... Eine moderne Gesundheitspolitik setzt auf den Vorrang der Prävention. Zahlreiche Studien belegen, dass durch systematische Präventionsprogramme die Entstehung chronischer Krankheiten verhindert oder hinausgezögert und damit Behandlungskosten eingespart werden können. Prävention ist dabei eine Aufgabe, an der sich neben den unmittelbaren Akteuren des Gesundheitswesens auch öffentliche Institutionen auf Bundes-, Länder- und Gemeindeebene beteiligen müssen" (*GLAESKE u. a. 2001, S. 16 - 17*). Auch hier wird wieder die enge Korrelation zum salutogenen Ansatz deutlich. Die entsprechenden Forderungen und die wissenschaftliche Fundierung sind vorhanden, trotzdem scheitert bislang die Umsetzung, zum Teil auch an der fehlenden Bereitschaft zur Finanzierung nichtärztlicher, qualifizierter Leistungen, wie etwa eine Gesundheitsedukation zur nachhaltigen Stärkung der Autonomie, hinsichtlich gesundheitsförderlichen Verhaltens, durch Sozialpädagogen. Es scheint, als sei unser Gesundheitssystem trotz vieler guter Ansätze nicht flexibel genug, neue Professionen als qualifizierte Leistungserbringer anzuerkennen und entsprechend in ihr Finanzierungssystem zu integrieren.

Schon in der Ottawa – Charta heißt es, dass Gesundheit von Menschen in ihrer alltäglichen Umwelt geschaffen und gelebt wird (*vgl. FRANZKOWIAK 1998, S. 27*). Will man diese Erkenntnis umsetzen, wird man zwangsläufig Interventionskonzepte und –methoden der Sozialen Arbeit mit in das bestehende Leistungsspektrum aufnehmen müssen. Bislang sind solche Bestrebungen allerdings noch nicht in Sicht.

Laut Rosenbrock findet Gesundheitspolitik überall dort statt, wo durch die Gestaltung von Verhältnissen, Verhaltensbedingungen oder Verhaltensanreizen populationsbezogene Wahrscheinlichkeiten von Erkrankungen, Progredienz und Chronifizierung sowie krankheitsbedingte Einschränkungen der Lebensqualität positiv oder negativ beeinflusst werden. Er ist der Meinung, Gesundheitspolitik bedeute die Verbesserung der gesundheitlichen Lage der Bevölkerung durch Prävention, Gesundheitsförderung, Gestaltung und Steuerung der Krankenversorgung, Rehabilitation und Pflege (*vgl. ROSENBROCK 1993, S. 317*). Solange aber die gleichmäßige Finanzierung dieser Bereiche, bzw. auch anderer, als bislang klassischerweise im Gesundheitswesen vertretenen Professionen, nicht vollständig gewährleistet ist, bzw. ein Ungleichgewicht zu Gunsten der Kuration aufweist, kann von einem Paradigmenwandel innerhalb des Gesundheitssystems noch nicht die Rede sein.

2.3 Voraussetzungen bezüglich der Umsetzung des salutogenetischen Konzeptes

In der Bundesrepublik ist mit der Einführung des Sachverständigenrates für die „Konzertierte Aktion im Gesundheitswesen" 1976 erstmalig der Versuch unternommen worden, auch auf Bundesebene medizinische Ziele in die nationale Gesundheitspolitik aufzunehmen. Ziele dieses Sachverständigenrates sind, die Entwicklungen in der gesundheitlichen Versorgung zu analysieren, Prioritäten für den Abbau von Versorgungsdefiziten und Überversorgung zu entwickeln und Möglichkeiten der Weiterentwicklung des Gesundheitswesens aufzuzeigen. Um diese Ziele zu verwirklichen, stellt der interdisziplinäre Rat dem Bundesgesundheitsministerium jährliche Gutachten zur Verfügung, so dass die erarbeiteten Erkenntnisse in die aktuelle Gesundheitspolitik einfließen und umgesetzt werden können. In seinem jüngsten Gutachten beschreibt der Sachverständigenrat das deutsche Gesundheitswesen als defizitär. Er führt Strukturmängel an bezüglich der Versorgung chronisch Kranker und Fehlsteuerungen aufgrund festgefahrener Versorgungsstrukturen, die zu Über-, Unter- und Fehlversorgungen führen (*vgl. DEUTSCHER BUNDESTAG 2002, S. 4*). Laut der Erkenntnisse des Sachverständigenrates dominiert die akutmedizinische, somatisch fixierte Versorgung von Patienten, auch dort, wo die Einbeziehung von präventiven und rehabilitativen Maßnahmen den Besonderheiten, besonders chronischer Erkrankungen, angemessen wäre. Er bemängelt die fehlende Patientenzentrierung und die starre Abgrenzung von Leistungsbereichen, anstelle interdisziplinärer Behandlungskonzepte und Versorgungsstrukturen. Patienten werden in vermeidbaren Abhängigkeitsstrukturen gehalten, anstatt gezielt informiert und geschult zu werden, so dass patienteneigene Ressourcen ungenutzt bleiben. Das Bundesgesundheitsministerium hat auf diese Erkenntnisse reagiert, indem es den pathogen orientierten Begriff der Prävention durch den salutogen orientierten Begriff der Gesundheitsförderung ergänzt hat und die Förderung der Gesundheit zu einem zentralen Begriff und der vierten Säule der Gesundheitspolitik (neben der therapeutischen, rehabilitativen und pflegerischen Versorgung) ausbauen will. Da mittel- und langfristig davon auszugehen ist, dass eine verstärkte Präventionsorientierung gerade bei chronisch Kranken dazu beiträgt, beschwerdefreie Phasen zu verlängern, die Schwere von Krankheitsschüben zu reduzieren und dadurch den Behandlungsbedarf herabzusetzen, soll künftig ein Schwerpunkt aktueller Gesundheitspolitik die aktive Förderung und Erhaltung von Gesundheit sein. Damit wurden grundsätzlich die Voraussetzungen für die Umsetzung des salutogenetischen Konzeptes geschaffen. Festhalten muss man dabei jedoch, dass diese Bestrebungen bislang eher halbherzig eingeleitet wurden und die finanzielle Basis für eine durchgreifende Umsetzung fehlt, insbesondere im Bezug auf die Implementierung neuer Professionen in das Gesundheitswesen (*vgl. DEUTSCHER BUNDESTAG 2002, S. 3 - 7*).

„Die Umorientierung zu mehr Prävention hat die Bundesregierung durch die Gesundheitsreform 2000 eingeleitet. Mit der Novellierung des § 20 SGB V sind den Krankenkassen wieder erweiterte Handlungsspielräume in der Primärprävention, der betrieblichen Gesundheitsförderung und Selbsthilfeförderung eingeräumt worden. ... Hinzu kommen die ergänzenden Leistungen zur Rehabilitation gemäss § 43 SGB V als Angebot der Tertiärprävention, womit Patientenschulungen initiiert werden können. ... Zur Steigerung der bislang zu schwachen Inanspruchnahme von Früherkennungsmaßnahmen wurden Initiativen und Aufklärungsaktivitäten ergriffen. ... Das BMG geht davon aus, dass der Ausbau der Prävention zusammen mit einer stärkeren Ziel-orientierung mittel- bis langfristig die Chance bietet, den Gesundheitszustand der Bevölkerung nachhaltig zu verbessern und die Eigenkompetenz der Versicherten zur Vermeidung von Krankheit zu stärken" (*DEUTSCHER BUNDESTAG 2002, S. 7 - 8*).

In ihrer Rede anlässlich der Gründung des Deutschen Forums Prävention und Gesundheitsförderung unterstrich die Bundesgesundheitsministerin Ulla Schmidt nochmals die Bestrebungen der Bundesregierung, den Bereichen Prävention und Gesundheitsförderung den gleichen Stellenwert einzuräumen wie der kurativen Medizin, der Rehabilitation und der Pflege. Sie bezeichnet „die Gründung dieses Forums als einen Meilenstein in der Geschichte der Prävention und Gesundheitsförderung in Deutschland, in dem erstmals die wichtigsten Organisationen, Institutionen und Kompetenzen aus Prävention und Gesundheitsförderung zusammengefasst und einem gemeinsamen Ziel verpflichtet sind" (SCHMIDT 2002). Das Forum soll die oberste Instanz in allen Belangen der Prävention sein. Sie beschließt ihre Rede mit der Feststellung, dass Prävention als eine gesamtgesellschaftliche Aufgabe verstanden werden müsse und der Kreis der Mitglieder dementsprechend zu erweitern sei (vgl. SCHMIDT 2002). Anzumerken ist hier, dass auch in diesem Forum bisher keine Professionen der sozialen Arbeit vertreten sind. Generell ist der aktuelle Stand zwar eine geplante Verlagerung der Schwerpunkte hin zur Prävention und Gesundheitsförderung, die praktischen Voraussetzungen für eine solche Umstrukturierung sind jedoch weder strukturell noch finanziell oder von rechtlicher Seite her gegeben. Bislang sind noch keine neuen Professionen, wie etwa die der Sozialen Arbeit, in den Leistungskatalog mit aufgenommen worden, so dass keine Finanzierungsvoraussetzungen geschaffen wurden. Es fehlen konkrete Verknüpfungen von Aufgaben mit qualifizierten Leistungserbringern. So wird z. B. bei den Disease Management Programmen eine kontinuierliche psychosoziale Betreuung der Patienten gefordert, es gibt aber weder eine Qualifikationsfestschreibung, wer diese Aufgabe erfüllen soll, noch wurden finanzielle Voraussetzungen geschaffen, neue Professionen, wie z. B. Sozialpädagogen, in das bestehende Leistungssystem zu integrieren.

3 Das Konzept der Salutogenese und dessen Stellenwert innerhalb der Gesundheitsförderung

Gesundheitsförderung umfasst alle Maßnahmen, die auf eine Veränderung und Förderung des Gesundheitsverhaltens und der Lebensbedingungen der Bevölkerung abzielen. Ihr Ziel ist es, Menschen (als Individuen) bei der Umsetzung ihrer persönlichen Lebenskonzepte zu unterstützen, ihnen Lebenswelten zu bieten, in denen sie sich entfalten und entwickeln können und soziale Ungleichheiten auszugleichen. Es handelt sich also um einen ressourcenorientierten Ansatz mit dem Ziel, mehr Gesundheit und Autonomie für alle zu schaffen. Gesundheitsförderung soll demnach unterstützen, stärken und ausgleichen.

„Gesundheitsförderung zielt auf einen Prozess, allen Menschen ein höheres Maß an Selbstbestimmung über ihre Gesundheit zu ermöglichen und sie damit zur Stärkung ihrer Gesundheit zu befähigen. Um ein umfassendes körperliches, seelisches und soziales Wohlbefinden zu erlangen, ist es notwendig, dass sowohl einzelne als auch Gruppen ihre Bedürfnisse befriedigen, ihre Wünsche und Hoffnungen wahrnehmen und verwirklichen, sowie ihre Umwelt meistern bzw. sie verändern können (*SCHWARTZ 2000, S. 142*)."

Da Gesundheitsförderung weit über ärztliche Interventionen und Maßnahmen der Prävention hinaus geht, liegt die professionelle Verantwortung bei einer Vielzahl von Berufsgruppen des Gesundheits-Bildungs- und Sozialwesens, aber auch des Politik-, Wirtschafts- und Umweltbereiches. Gesundheitsförderung muss demnach als multiprofessionelle Aufgabe verstanden werden.

Nach dem Verständnis der WHO bedeutet Gesundheitsförderung die Analyse und Stärkung der Gesundheitsressourcen und –potentiale der Menschen auf allen gesellschaftlichen Ebenen. Dabei ist ihr wesentlichstes Charakteristikum die Abkehr von der Suche nach Risikofaktoren und die Hinwendung zu Gesundheitsbedingungen und protektiven Faktoren (*vgl. SCHWARTZ 2000, S. 141 - 142*).

Diesen Ansatz bezeichnet man als salutogenetischen Ansatz, der dem Konzept der Salutogenese (von lat. salus: gesund, griech. Genese: Entstehung) entspringt. Er wurde von dem amerikanisch - israelischen Medizinsoziologen Aron Antonowsky (1923 – 1994) entwickelt, den dieser, erstmalig 1979, in seinem Buch „Health, Stress and Coping", vorstellte. Er stellte der, bis zu diesem Zeitpunkt alleinig vorherrschenden, pathogen orientierten medizinischen Sichtweise, die ihre Arbeit auf die Dichotomie von Gesundheit und Krankheit stützt und im wesentlichen den Zustand der Krankheit, deren Ursachen und Bewältigung zum Mittelpunkt aller Bemühungen macht, eine vollkommen neue Sichtweise entgegen. Seine formulierten Ziele waren, Daten aus einem anderen Blickwinkel zu betrachten, neue Fragen zu formulieren und alternative Hypothesen vorzuschlagen, wobei er nicht die völlige Aufgabe der pathogenen Orientierung forderte, sondern vielmehr versuchte, den Blick auf neue Perspektiven zu eröffnen.

Seiner Meinung nach waren Gesundheit und Krankheit nicht als zwei voneinander abgrenzbare Zustände zu betrachten, sondern als zwei Pole eines Kontinuums, innerhalb einer dynamischen Wechselbeziehung. In den Mittelpunkt seiner Betrachtungen stellte er den Begriff der Gesundheit und die Frage, was Menschen dazu befähigt, sich mehr diesem positiven Aspekt des Kontinuums zuzuwenden. Er unterstrich dabei, dass er sich weder der Dichotomie der pathogenen Betrachtungsweise, noch der gesundheitsorientierten Betrachtungsweise zuwende, sondern beide Zustände als für das menschliche Dasein, physiologische, ansieht. Selbstverständlich aber auch unter der Prämisse des anzustrebenden positiven Pols der Gesundheit. Antonowsky beschreibt den pathogen orientierten, dichotomen Denkansatz als Blindheit gegenüber dem Kranksein einer Person, in seiner gesamten Lebenssituation und seinem Leiden, als inhuman und partiell, da seiner Meinung nach Daten von großer äthiologischer Signifikanz missachtet werden. Er erhebt dabei nicht den Anspruch allumfassender Problemlösungen bezüglich der komplexen Kreisläufe menschlichen Lebens, wohl aber ein tiefergehendes Verständnis und Wissen um dessen Zusammenhänge. Dabei bezieht es sich auf die Voraussetzungen, sich dem positiven Pol des Kontinuums nähern zu können (*vgl. ANTONOWSKY 1997, S. 23 - 24*).

Sein formuliertes Ziel war demnach die Befähigung des Individuums mit den Belastungen des menschlichen Daseins erfolgreich umzugehen, um sich so dem positiven Pol des Kontinuums zu nähern.

Er beschreibt dazu folgendes Bild: Menschen gehen Ihr Leben lang auf den unbefestigten Ufern eines reißenden Flusses entlang. Fallen sie nun in diesen Fluss hinein, dann drohen sie zu ertrinken. Die kurative Medizin interveniert, in dem sie die Menschen aus diesem reißenden Fluss rettet und für ihre Genesung Sorge trägt. Danach entlässt sie die Menschen wieder an den reißenden Fluss. Irgendwann fallen diese erneut in den Fluss. Wieder rettet sie die kurative Medizin, jedoch anscheinend ohne nachhaltige Wirkung, in Form einer Verhaltensänderung oder eines Schutzes. Im Gegensatz dazu verfolgen präventive Maßnahmen das Ziel, Menschen davor zu schützen überhaupt erst in diesen reißenden Fluss zu fallen, haben aber auch keine nachhaltige Wirkung auf das individuelle Verhalten. Der salutogene Ansatz hingegen verfolgt das Ziel, Menschen Schwimmen zu lehren und versetzt sie dadurch in die Lage, sich nachhaltig selbst zu helfen. Das Konzept der Salutogenese strebt also im Grunde danach, sich überflüssig zu machen, in dem es Menschen zu mehr Kompetenz und Autonomie verhilft.

Als Hauptdeterminante des Konzeptes beschreibt Antonowsky das Kohärenzgefühl, auch als SOC bezeichnet, das Gesundheits – Krankheits – Kontinuum, Stressoren und Spannungszustände und generalisierte Widerstandsressourcen.

Das Kohärenzgefühl (SOC) setzt sich aus den drei Komponenten Verstehbarkeit, Handhabbarkeit und Sinnhaftigkeit zusammen. Verstehbarkeit bedeutet in diesem Kontext die Möglichkeit der kognitiven Einordnung in den Lebenskontext, die Fähigkeit Informationen zu strukturieren, einzuordnen und gewinnbringend umzusetzen. Handhabbarkeit wird definiert, als die bewusste Abschätzung der zur Verfügung stehenden Bewältigungsressourcen, die es dem Betroffenen ermöglicht, seine Autonomie zu wahren. Ausschlaggebend hierfür ist das Selbstbild und die Frage, ob sich ein Individuum als Opfer des eigenen Schicksals oder als Akteur des eigenen Lebens sieht, der Belastungen als Herausforderungen ansieht, die es zu bewältigen gilt. Die dritte Komponente, die Sinnhaftigkeit, teilweise in der Literatur auch als Bedeutsamkeit beschrieben, umfasst die individuelle emotionale Bedeutung, die es für den Betroffenen lohnenswert macht, sich zu engagieren und Bewältigungsressourcen zu mobilisieren. Wichtige Aspekte hierbei sind die Lebenswerte eines Individuums. Zusammenfassend beschreibt das Kohärenzgefühl ein kontinuierliches, aber dennoch dynamisches Gefühl des Vertrauens in das Leben und die eigenen Handlungs- und Bewältigungsfähigkeiten.

Antonowsky geht davon aus, dass je ausgeprägter das Kohärenzgefühl eines Menschen ist, desto höher ist seine Tendenz zur Gesundheit. Dabei ist es nicht zwangsläufig notwendig ein allumfassendes Köhärenzgefühl zu haben. Entscheidend ist, dieses in bestimmten Lebensbereichen zu haben. Die Bereiche der eigenen Emotionalität, der interpersonellen Beziehungen, der eigenen Tätigkeiten und existenzielle Fragen sind dabei von ganz besonderer Signifikanz. Die Entwicklung vollzieht sich von der Kindheit bis zur frühen Adoleszenz durch feste Bindungen und selbstwertstärkende Erfahrungen und ist sowohl an den sozialen, als auch den kulturellen Kontext einer Person gebunden. Im Erwachsenenalter ist es nur noch schwer veränderbar. Das Kohärenzgefühl steht für die Fähigkeit, Ereignisse, auch extrem negativer Art, sinnvoll in den Lebenskontext zu integrieren und als Erfahrungen zu werten, die letztlich zu mehr Kompetenz führen.

In seinem Buch „Salutogenese" beschreibt Antonowsky das Kohärenzgefühl wie folgt:

„Das SOC (Kohärenzgefühl) ist eine globale Orientierung, die ausdrückt, in welchem Ausmaß man ein durchdringendes, andauerndes und dennoch dynamisches Gefühl des Vertrauens hat, dass:

1. die Stimuli, die sich im Verlauf des Lebens aus der inneren und äußeren Umgebung ergeben, strukturiert, vorhersehbar und erklärbar sind;
2. einem die Ressourcen zur Verfügung stehen, um den Anforderungen, die diese Stimuli stellen, zu begegnen;
3. Diese Anforderungen Herausforderungen sind, die Anstrengungen und Engagement lohnen (*ANTONOWSKY 1997, S. 36*)."

Wie schon beschrieben, betrachtet Antonowsky die beiden Aspekte Gesundheit und Krankheit als untrennbar zusammen gehörend, als zwei Pole eines Kontinuums, bei dem der einzelne Mensch, bedingt durch die Ausprägung seines Kohärenzgefühls, entweder mehr zur Gesundheit oder mehr zur Krankheit tendiert. Er entfernt sich dadurch von der vorherrschenden dichotomen Klassifizierung vom gesunden oder kranken Menschen und schafft damit einen multidimensionalen Blickwinkel, der sich nicht nur auf die Ätiologie einer einzelnen Erkrankung begrenzt, sondern den Menschen holistisch, in seiner gesamten bio – psycho - sozialen Komplexität erfasst.

Anders als in der bisherigen Stressforschung geht Antonowsky davon aus, dass die negativen Auswirkungen von Stress nicht an der Zuordnung zu Eustress oder Disstress liegen, sondern an dem individuell ausgeprägten Kohärenzgefühl des Einzelnen. Dabei definiert er Stressoren als Lebenserfahrungen, die durch Inkonsistenz, Über- oder Unterforderung und mangelnde Möglichkeiten der Autonomie gekennzeichnet sind. Die Fähigkeiten des Individuums Stress und Spannungszustände in adäquater Weise in das Leben einzuordnen, ihnen einen Sinn zuordnen zu können und das Selbstvertrauen, diese bewältigen zu können, sind also ausschlaggebend für die Auswirkungen. Seinen Forschungsergebnissen zu Folge sind Stressoren teilweise sogar in der Lage, einen Menschen nachhaltig mehr zur Gesundheit hin tendieren zu lassen, indem sie sein Kohärenzgefühl, bei erfolgreicher Bewältigung, nachhaltig stärken. Stressoren sind für Antonowsky allgegenwärtig und unweigerlich, so dass die einzig mögliche Reaktion auf diese Allgegenwart die adäquate, menschliche Adaption ist. Um diese Copingstrategie umzusetzen, hält er es für unabdinglich, alle Facetten menschlichen Lebens mit einzubeziehen. Die Erschließung umfangreicher Copingressourcen wird zum primären Ziel salutogenetischer Orientierung.

Unter generalisierten Widerstandsressourcen versteht Antonowsyky alle begünstigenden Faktoren oder Fähigkeiten eines Menschen, Anforderungen zu bewältigen. Hierzu zählen z. B. Intelligenz, Bewältigungsstrategien, körperliche Gegebenheiten, soziale Einbindung und Unterstützung usw. Generalisiert bedeutet in diesem Zusammenhang die Tatsache, dass diese Widerstandsressourcen, unabhängig von der Situation, immer begünstigend bzw. unterstützend wirken. Antonowsky weist darauf hin, dass es wichtig ist, Menschen in schwierigen oder krisenhaften Lebenssituationen professionell zu begleiten, damit ihr Kohärenzgefühl nicht kurzfristig absinkt und die Bewältigung dieser Situationen zusätzlich erschwert (*vgl. BENGEL 2001, S. 70*).

3.1 Entstehungshintergrund

Antonowsky entwickelte sein Modell der Salutogenese in einer Zeit, in der das medizinische Versorgungssystem immer mehr in Kritik geriet. Die Patienten hatten sich zwar einerseits an eine Kultur der schnellen Lösungen, wie sie die Medizin vordergründig bieten konnte, gewöhnt, wurden sich aber zunehmend der, dabei oft in Kauf genommenen, Nebenwirkungen bewusst. Kritisiert wurde außerdem die immer weiter gehende Technisierung der Medizin, die mit dem Schlagwort der „Apparatemedizin" belegt wurde und der man vorwarf den Patienten nicht mehr als Person, sondern nur noch als statistische Größe wahrzunehmen. Von politischer Seite her wurde die stetige Kostenerhöhung, bei gleichzeitiger Unfähigkeit der steigenden Zahl chronisch Kranker und dem demographischen Wandel der Bevölkerung adäquat zu begegnen, beklagt. Ethische Fragen wurden aufgeworfen, die jedoch von medizinischer Seite her nur unbefriedigend beantwortet werden konnten. Modelle, die primär den Begriff der Krankheit definierten, wurden neu beurteilt und unterzogen sich einem Wandel. So beschrieb das Biomedizinische Modell Anfang des 19. Jahrhunderts Krankheit noch als einen Defekt oder regelwidrigen Zustand. Wobei diese Zuteilung auch heute noch als Steuerungsmechanismus sozialer Leistungen genutzt wird, an deren oberster Stufe der Mediziner als Kontroll- und Beurteilungsinstrument steht. Die aus dem Jahre 1948 stammende Definition der World Health Organisation (WHO), die zwar erstmals den Begriff der Gesundheit in den Mittelpunkt ihrer Beschreibung setzte, beschrieb diese jedoch, illusionär, als einen Zustand vollkommenem physischen und psychischen Wohlbefindens, bei umfassender Übereinstimmung mit den eigenen Möglichkeiten. Ein Zustand, der für einen Menschen im Grunde genommen nie wirklich erreicht werden kann. Dennoch war der hier beschriebene holistische Aspekt auch für Antonowsky von größter Bedeutung. In seiner Persönlichkeit selbst liegen weitere Gründe für die Entstehung dieser so einfachen und dennoch revolutionären, neuen Betrachtungsweise. In der Literatur wird Antonowsy als Nonkonformist beschrieben, der sich gerne über gängige Normen und Tabus hinwegsetzte. Sicherlich Eigenschaften, die der Erschließung neuer Sichtweisen dienlich waren.

In der Medizin stand der Begriff der Gesundheit nie im Mittelpunkt, da diese primär einen kurativen Anspruch verfolgt und ihr Schwerpunkt auf der Behandlung und Heilung von Krankheiten liegt. Lediglich die Teildisziplin der Hygiene beschäftigte sich mit der Gesundheit, hier unter der Prämisse der primären Prävention. Medizin und Prävention gemeinsam ist der pathogene Ansatz, der sich in der Medizin im kurativen Ansatz und innerhalb der Prävention im vorbeugenden, verhindernden Ansatz von Krankheit manifestiert. Mitte bis Ende des zwanzigsten Jahrhunderts entwickelte sich die klassische Hygiene zur Public Health, unter deren Konstellation sich schließlich auch der schon beschriebene Paradigmenwandel vollzog. Die hier neu gestellten Ziele sind erstmals die konkrete Förderung der Gesundheit und damit die Stärkung der Autonomie des Einzelnen. Neu ist außerdem, dass der salutogenetische Ansatz nicht gruppenbezogen, sondern patientenzentriert und individuell arbeitet (vgl. SCHÜFFEL u. a.1998, S. 15 - 19).

3.2 Entwicklung, Überprüfbarkeit und Wirkung

Zur empirischen Überprüfung seiner Theorie hat Antonowsky den sogenannten Fragebogen zur Lebensorientierung (SOC – Skala) entwickelt. Er basiert auf qualitativen Interviews, in denen besonders belastete Menschen, die dennoch recht gut mit ihrem Leben zurechtzukommen schienen, hinsichtlich ihrer Grundhaltung dem Leben bzw. dem Erlebten gegenüber befragt wurden. Mit Hilfe der Facettentechnik von Guttmann entwickelte Antonowsky 29 Items, mit einer jeweils siebenstufigen Einschätzungsskala. Erfasst werden dabei die Konstrukte Verstehbarkeit, Handhabbarkeit und Sinnhaftigkeit, aus denen sich das Kohärenzgefühl zusammensetzt. Ziel der Auswertung ist die Erfassung einer dispositionellen Grundhaltung der Befragten. Der Fragebogen ist transkulturell anwendbar und für die Lebenssituation von Erwachsenen konzipiert. Das Optimalergebnis liegt im mittleren Punktebereich. Der untere Punktebereich lässt auf ein wenig ausgeprägtes Kohärenzgefühl schließen, der obere Punktebereich auf mangelnde Realitätsanpassung. Zum Nachweis der Konstruktvalidität wurden vor allem Vergleiche mit ähnlichen Konstrukten durchgeführt, da Korrelationsvergleiche Rückschlüsse auf die Validität erlauben. Weitere empirische Studien erbrachten hohe Korrelationen zwischen SOC und psychischer Gesundheit. Es kann daher als erwiesen betrachtet werden, dass psychische Gesundheit und Kohärenzgefühl in enger Verbindung zueinander stehen. Laut Bengel vom Psychologischen Institut der Universität Freiburg sind die Zusammenhänge zwischen Kohärenzgefühl und physischer Gesundheit weniger eindeutig. Er stellt den von Antonowsky formulierten, direkten Einfluss von SOC auf die physische Gesundheit in Frage, obwohl er für die Klärung dieser Frage weitere Studien für notwendig hält. Außerdem ist er mit Antonowsky einer Meinung, dass sich das Kohärenzgefühl im Alter nur noch sehr begrenzt verändern läßt. Anzumerken ist hier, dass Antonowsky keineswegs behauptet hat, dass Menschen mit einem ausgeprägten Kohärenzgefühl nicht krank werden, sondern dass diese lediglich seltener erkranken und wenn sie erkranken, kürzere Rekonvaleszenzzeiten aufweisen und mit ihrem Zustand besser umgehen können. Dabei ist die Frage nach der Krankheitshäufigkeit natürlich rein hypothetisch und wird nie abschließend beantwortet werden können. Bezüglich der Beeinflussbarkeit des Kohärenzgefühls im Alter widerlegen die Erkenntnisse der Erwachsenenpädagogik die hier aufgestellte Hypothese mittlerweile.

Bestätigt wurden die Zusammhänge zwischen SOC und Stresswahrnehmung und die Korrelationen zwischen SOC und sozialer Umwelt, wobei das Maß des Kohärenzgefühls in keiner Abhängigkeit zum Bildungsstand zu sehen ist. Ein Zusammenhang zwischen SOC und Gesundheitsverhalten ließ sich kaum belegen, wobei auch hier wieder anzumerken ist, dass Überlegungen hinsichtlich Korrelationen bezüglich des Gesundheitsverhaltens eines Menschen rein hypothetisch sind. Auch Bengel ist der Meinung, dass der SOC bis ins hohe Alter veränderbar ist und dass alte Menschen in der Regel über einen höheren SOC verfügen als junge Menschen (*vgl. BENGEL u. a. 2001, S. 40 - 148*).

Die Darstellung des Fragebogen zur Lebensorientierung sowie das Auswertungsschema befinden sich im Anhang der Arbeit.

3.3 Abgrenzung der Gesundheitsförderung zur Prävention

Obwohl Gesundheitsförderung und Prävention meist in einem Atemzug genannt werden, gibt es im Hinblick auf deren Begrifflichkeit eklatante Unterschiede, die im Folgenden entschlüsselt werden sollen.

Gesundheitsförderung zielt auf die Aktivierung und Erhaltung menschlicher und natürlicher Ressourcen, auf Unterstützung und Partizipation ab. Eine maßgebliche Orientierung bedeutet dabei die Ottawa – Charta von 1986. Es handelt sich um ein ganzheitliches, multidimensionales Konzept, das die bio - öko – psycho – sozialen Ebenen des Menschen mit einbezieht. Gesundheitsförderung arbeitet ressourcenorientiert und verhilft zu mehr Autonomie mit dem Ziel, den Weg zu individuell höchstmöglichem Wohlbefinden einzuschlagen. Der Ansatz orientiert sich am salutogenetischen Modell und ist demnach ausgerichtet auf die Frage: „Was macht und hält den Menschen gesund?" Ein besonderes Merkmal der Gesundheitsförderung ist der sogenannte „Setting – Ansatz". Durch ihn werden Menschen in den Lebensbereichen erreicht, in denen sie den größten Teil ihrer Lebenszeit verbringen. Diese Bereiche sind z. B. Familie, Wohnort, Kindergarten, Schule, Arbeitsplatz, etc. Vorteile dieses Ansatzes ist die gute Erreichbarkeit auch marginalisierter Zielgruppen (wie in § 20 Abs. 1 Satz 2 SGB V gefordert), ohne diese der Gefahr der Stigmatisierung auszusetzten. Dies ist von besonderer Bedeutung, da marginalisierte Bevölkerungsgruppen in der Regel schlechtere Gesundheitschancen aufweisen und deren intellektuelle Fähigkeiten sich gesundheitsbewusst zu verhalten meist eingeschränkt sind. Hier verhilft Gesundheitsförderung ihren Zielgruppen zu mehr Partizipation, Kompetenz und Autonomie, wobei der Schwerpunkt auf der Entwicklung eines ausgeprägten Kohärenzgefühls liegt.

Ein weiterer Ansatzpunkt ist der individuelle Ansatz, der sowohl gesunden als auch kranken Menschen dazu verhelfen kann, ihre Ressourcen zu aktivieren, zu mobilisieren und weiter auszubauen. Zielgruppen gesundheitsförderner Maßnahmen sind demnach Einzelpersonen, kleinere Systeme und Institutionen, aber durchaus auch die politische Ebene. Der Ansatz ist dabei eher unspezifisch und prozess- statt ergebnisorientiert. Zu den bevorzugten Methoden der Gesundheitsförderung zählen Casemanagement, Empowerment und der personenzentrierte Ansatz. Sie arbeitet durch ihren Lebens- und Umweltbezug auf allen Ebenen und erfordert somit interprofessionelles Handeln.

Laut Bäcker u. a. gliedert sich Gesundheitsförderung in fünf Handlungsfelder:
- „Entwicklung einer gesundheitsfördernden Gesamtpolitik
- Schaffung von gesundheitsfördernden Lebenswelten
- Stärkung gesundheitsbezogener Aktivitäten in der Gemeinde
- Entwicklung persönlicher Kompetenzen
- Neuorientierung des Gesundheitsdienstes"
(*BÄCKER / BISPINCK / HOFEMANN / NAEGELE 2000, S. 37*).

Präventive Maßnahmen hingegen finden ihren Ursprung in dem biomedizinischen Paradigma von Krankheit und Krankheitsvermeidung und sind daher pathogen orientiert. Sie zielen darauf ab, durch gezielte Maßnahmen den Eintritt von Krankheiten zu verhindern oder zu verzögern, sowie eine Verschlimmerung oder Chronifizierung zu vermeiden. Unterschieden wird dabei zwischen Verhältnisprävention als strukturellem Ansatz und Verhaltensprävention als individuellem Ansatz. Eine weitere Unterscheidung erfolgt in Primär-, Sekundär- und Tertiärprävention. Hierbei bildet der Entstehungszeitpunkt einer Erkrankung den zentralen Aspekt der Beurteilung. Primäre Prävention zielt darauf ab, Krankheiten durch Vermeidung von Risikoursachen zu verhindern. Zu den Maßnahmen der primären Prävention zählen z. B. Impfungen. Sekundäre Prävention ist darauf ausgerichtet, Krankheiten möglichst frühzeitig, d.h. in einem präklinischen Stadium, zu entdecken, um so die Heilungschancen zu verbessern. Zu ihr zählen die Vorsorgeuntersuchungen. Seit neuester Zeit zählen auch Maßnahmen zur Verhinderung einer Rezidiverkrankung zur sekundären Prävention, wie z. B. die Nachsorgeuntersuchungen bei Krebs. Tertiäre Prävention widmet sich den Folgen einer Erkrankung und ist darauf ausgerichtet, Chronifizierungen zu vermeiden, verbliebene Kompetenzen zu erhalten und eine Reintegration zu ermöglichen. Somit ist die tertiäre Prävention Bestandteil der Rehabilitation (*vgl. BÄCKER / BISPINCK / HOFEMANN / NAEGELE 2000, S. 37-39; WALTER / SCHWARTZ 2001, S. 3 - 4*).

In der folgenden Auflistung sollen die Unterschiede und Entwicklungsphasen noch einmal verdeutlicht werden:

- „Old Public Health"
  Sozialmedizinisches Modell

- „Public Health"
  Biomedizinisches Modell (Gesundheitserziehung)

- „Community Intervention"
Biomedizinisch - psychosoziales Modell (Prävention auf Gemeindeebene)

- „New Public Health"
Bio – öko – psycho – soziales Modell / Salutogenese (Gesundheitsförderung als aktive Gestaltung von Lebensweisen und Lebensräumen = sozial-
ökologisch - systemisches Modell)
(*vgl. FRANZKOWIAK u. a. 1998, S. 16*)

3.4 Pathogenetisches versus salutogenetisches Modell

Das pathogen - medizinisch ausgerichtete Modell hat in den vergangenen
100 Jahren durch die Eindämmung weit verbreiteter Infektionskrankheiten
zu einem erheblichen Anstieg der Lebenserwartung geführt. Aber gerade
wegen dieser Erfolge scheint es heute weitgehend an seine Grenzen gesto-
ßen zu sein. Infektionen und Akuterkrankungen zählen nicht mehr zu den
vorherrschenden Gesundheitsbeeinträchtigungen.

In allen Industrieländern und in Teilen der dritten Welt dominieren die
chronischen Erkrankungen wie Herz – Kreislauf – Erkrankungen, bösartige
Neubildungen, Atemwegserkrankungen, Hauterkrankungen und Erkrankungen des Muskel- und Skelettsystems. Ihre Ursachen sind nicht mehr an
das Vorhandensein hygienischer Misstände gebunden oder durch Viren,
Bakterien oder Parasiten verursacht. Sie entstehen durch chronische Über-
lastung von physischen, psychischen und sozialen Anpassungs- und Rege-
lungskapazitäten und sind auf eine Vielzahl biologischer, sozialer, ökologi-
scher und somatischer Faktoren zurückzuführen. Außerdem sind diese Erkrankungen zum größten Teil durch das Biomedizinische Modell nicht
mehr befriedigend zu erklären und durch rein kurative Ansätze nicht be-
herrschbar (*vgl. HURRELMANN UND LAASER 1993, S. 3 - 4*).
Chronische Erkrankungen manifestieren sich in der Regel relativ früh im
Lebenslauf eines Menschen und sind multifaktorell bedingt.

Um diesen neuen Anforderungen adäquat zu begegnen muss zukünftig
auch der salutogenetisch orientierte Sektor der Gesundheitsförderung mehr
Beachtung finden und neue Professionen in die Interventionsbemühungen
mit einbezogen werden. Wichtig ist zu betonen, dass eine Verzahnung bei-

der Modelle und eine gleichberechtigte Kooperation zu einem höchstmöglichen Gesundheitsgewinn für die Bevölkerung führen würde. Die folgende Auflistung der markantesten Unterschiede zwischen dem medizinisch pathogenetischen Modell und dem salutogenetischen Modell soll die Schwerpunkte der beiden Ansätze noch einmal verdeutlichen:

Pathogenes, medizinisches Modell / Biomedizinisches Modell:

- Dichotomie bezüglich Gesundheit und Krankheit
- Monodisziplinärer Ansatz
- „Krankheit" als zentraler Aspekt
- Schaffung und Förderung einer Abhängigkeit
- Ziel der kurzfristigen Intervention
- Defizitorientierung
- Zielgruppe sind „Kranke"
- Systemorientierung

Salutogenetisches Modell:

- Kontinuum von Gesundheit und Krankheit
- Multidisziplinärer Ansatz
- „Gesundheit" als zentraler Begriff
- Holistische Betrachtung des Menschen
- Förderung von Autonomie und Partizipation
- Ziel der langfristigen Adaption
- Ressourcenorientierung
- Zielgruppe sind „Gesunde" und „Kranke"
- Patientenorientierung / Patientenzentrierung

4 Professionelles Selbstverständnis der Sozialen Arbeit in der Gesundheitsförderung

Im Folgenden werden die Begriffe „Sozialpädagogik", „Sozialarbeit" und „Soziale Arbeit" synonym benutzt. Dabei wird „Soziale Arbeit" als Sammelbegriff für alle Teilbereiche der Sozialpädagogik und Sozialarbeit verstanden, die durch Angebote, Dienste und Veranstaltungen bestimmt werden, in denen Beratung, Edukation, Fürsorge, Hilfe und Pflege von Bedeutung sind (*vgl. GALUSKE 2001, S. 21*).

Die Geschichte der Sozialen Arbeit, als eine sehr junge Profession ist geprägt von der Expansion und immer weiter zunehmenden Ausdifferenzierung sozialpädagogischer Aufgaben und Handlungsfelder. Es ist sehr schwierig, eine allgemeingültige Definition über die Praxisfelder der Sozialen Arbeit zu finden. Es gibt keine einheitliche Regelung darüber, ob sich nun ein Arbeitsfeld deshalb als ein Arbeitsfeld der Sozialen Arbeit etabliert, weil dort Soz. päd. / Soz. arb tätig sind oder weil es durch die soziale Fachdiskussion als solches codiert und qualifiziert wird.

Dennoch haben sich im wesentlichen vier Praxisfelder heraus kristallisiert:
1. Die Kinder- und Jugendhilfe.
2. Die soziale Hilfe.
3. Die Altenhilfe.
4. Die Gesundheitshilfe

Dabei lässt sich die Intensität der dort durchgeführten Interventionen unterteilen in:
1. Lebenswelt unterstützende Maßnahmen.
2. Lebenswelt ergänzende Maßnahmen.
3. Lebenswelt ersetzende Maßnahmen.
4. Unterstützende Aktivitäten (*vgl. THOLE 2000, S. 19 – 21*).

Im Folgenden soll auf den Bereich der Gesundheitshilfe, speziell der Gesundheitsförderung, näher eingegangen werden. Die Akteure der Sozialen Arbeit unterstützen Menschen darin, eine Balance zu finden, zwischen ihren jeweiligen Bedürfnissen, ihren individuellen Ressourcen und den Angeboten und Anforderungen ihrer Umwelt. Dabei sind sie bestrebt, ihre Klienten zu stärken (Empowerment), ihnen neue Sichtweisen zu erschließen (Casemanagement) und sie zur selbständigen und verantwortlichen Gestaltung ihres Lebens zu befähigen. Hinzu kommen stressreduzierende Aktivitäten und Abbau von Belastungen, die mit dem Mangel an Angeboten im Lebensraum oder der Unfähigkeit diese zu nutzen, zusammenhängen. Die Angebote und Interventionen sind in der Regel direkt an den individuellen Bedürfnissen der Klienten ausgerichtet (Klientenzentrierter Ansatz) (*vgl. DEUTSCHER VEREIN FÜR ÖFFENTLICHE FÜRSORGE 1997, S. 838*).

Überträgt man diese Aufgabenbeschreibung auf Tätigkeiten innerhalb des Gesundheitswesens, könnte man sie durchaus auf die Kurzform Prävention und Gesundheitsförderung bringen. Auf jeden Fall wird deutlich welch enger Bezug zwischen dem holistischen Ansatz der Gesundheitsförderung und den klassischen Aufgaben der Sozialen Arbeit besteht. Ein weiterer Bezugspunkt ist die reichhaltige Konzept- und Methodenvielfalt, durch die sich die Soziale Arbeit gegenüber anderen Professionen besonders hervorhebt. Konzepte bedeuten in diesem Zusammenhang spezifische Handlungsmodelle, in dem die Ziele, Inhalte und Methoden einer Intervention in einen sinngebenden Zusammenhang gebracht werden. Beispielhaft wäre hier das Konzept des Casemanagement zu nennen, das besonders im Rahmen der Gesundheitsförderung eine tragende Rolle spielt.

Methoden sind Vermittlungsvariablen. Der Begriff „Methode" ist aus dem griech. abgeleitet und bedeutet „der Weg zu etwas hin" (methodos). Es handelt sich um erprobte, überlegte und übertragbare Vorgehensweisen zur Erledigung bestimmter Aufgaben und Zielvorgaben. Die für die Soziale Arbeit so typische Konzept- und Methodenvielfalt ist für die Zielgruppen von besonderer Bedeutung, da sich erst hieraus eine berufliche Kompetenz ergibt, die eine wirklich klientenzentrierte Intervention erst möglich macht. Nur eine Profession mit diesen vielfältigen Fähigkeiten ist in der Lage eine Intervention bedarfsgerecht zu konzipieren (*vgl. GALUSKE 1998, S. 21 – 31, SCHILLING 1995, 67 – 77, GEISSLER UND HEGE 2001, S. 227*).

4.1 Ursprung und Entwicklung

Gesundheitsfürsorge, Prävention und Gesundheitsförderung zählen seit jeher zu den Aufgaben Sozialer Arbeit. Zwar war die Gesundheitsfürsorge anfänglich in der Krankenpflege der Kirchen und privaten Vereine verwurzelt. Sie wurde jedoch im 19. Jahrhundert erstmals als öffentliche Aufgabe, durch die Sozialhygiene und Gesundheitspflege, als Teilgebiete der Sozia-

28

len Arbeit, wahrgenommen. Begründet war dieser Wandel und die fort-schreitende Professionalisierung dieser Aufgabe in der zunehmenden Funktionalisierung von Gesundheit und dem Interesse des Staates die Arbeitskraft der lohnabhängigen Bevölkerung zu erhalten. Erstmals wurden Ursachen, Risikofaktoren und Präventionsmöglichkeiten öffentlich diskutiert. In den 80er Jahren des 19. Jahrhunderts kam es dann durch Otto von Bismarck zur Schaffung der ersten gesetzlichen Grundlagen in Form der gesetzlichen Krankenversicherung (1883), der Unfallversicherung (1884) und der Invalidität- und Alterssicherung (1889). Weitere Grundlagen wurden in Form von Hilfs-, Beratungs- und Sozialisationsangeboten geschaffen (*vgl. HOMFELD 2002, S. 319, MÜLLER 2001, S. 25, HERING UND MÜNCHMEIER 2000, S. 37*). Die enge Verknüpfung zwischen Gesundheitsfürsorge, Prävention und Sozialer Arbeit ist dadurch zu erklären, das dass Berufsfeld der Sozialen Arbeit in seinen Anfängen, genau wie das „Helfen", „Heilen" und „Tränentrocknen", als reine Frauenaufgabe betrachtet wurde, die diese aufgrund ihres spezifischen „naturgegebenen" Wesens erfüllen konnten.

In seiner späteren Ausgestaltung umfasste der Bereich der Gesundheitsfürsorge die Haus- und Lazerettpflege, die Organisation von Spezialfürsogen, z. B. für behinderte Menschen, Gesundheitsvorsorge und Seuchenprophylaxe. Festzuhalten ist, dass die Gesundheitsfürsorge im 19. Jahrhundert den größten Aufschwung aller Handlungsfelder der sozialen Arbeit erlebt hat und zwar in dem Maße, wie sich die Medizin von der „sozialen Wissenschaft" zur Naturwissenschaft wandelte. Insbesondere die Prävention wurde aus den Konzepten der Sozialhygiene mit Erfolg auch auf andere Bereiche der Sozialen Arbeit übertragen (*vgl. HERING UND MÜNCHMEIER 2000, S. 37 - 71, FERBER / LAASER / LÜTZENKIRCHEN 2001*).

Heute sind ca. 25 % aller SozialarbeiterInnen in den Feldern des Gesundheitswesens beschäftigt. „Das Arbeitsfeld Gesundheit ist für die Soziale Arbeit in dreifacher Hinsicht von Bedeutung:
- als traditionelles Feld von Sozialarbeit im Gesundheitswesen,
- als Mitwirkungsmöglichkeit von Sozialarbeitern und
- Sozialarbeiterinnen bei der Gesundheitsförderung in ausserpädagogischen Feldern,
- als gesundheitsfördernde Tätigkeit von Sozialarbeitern und SozialarbeiterInnen in den Feldern der Sozialen Arbeit" (*HOMFELDT 2002, S. 319*).

Spätestens seit der Ottawa – Charta von 1986 hat die Soziale Arbeit innerhalb der Gesundheitsförderung einen ganz besonderen Stellenwert bekommen. Hier zeigen sich enge Korrelationen zur Einzelfallhilfe, zur sozialen Gruppenhilfe und zur Gemeinwesenarbeit. Insbesondere der salutogene Ansatz lässt sich fast lückenlos auf den lebensweltorientierten Ansatz der Sozialen Arbeit übertragen. Beiden Ansätzen gemeinsam ist das Bestreben der interdisziplinären Zusammenarbeit als Antwort auf die immer weiter zunehmende Spezialisierung, sowie das Bestreben soziale Benachteiligungen auszugleichen.

Die Akteure der Sozialen Arbeit werden auf zwei Arten im Gesundheitswesen tätig. Bei kranken Menschen, um sie bei der Wiedergewinnung ihrer alltagsbezogenen Balance zu unterstützen und bei kranken und gesunden Menschen durch Aufklärung, Beratung und Reduktion von Risikofaktoren, sowie durch individuelle und sozialräumliche Ressourcenaktivierung (Salutogener Ansatz in Verbindung mit Settingansatz).

Ein weiterer wichtiger Aufgabenbereich ist der öffentliche Gesundheitsdienst, bei dem unter anderem die Gesundheitsvorsorge, Gesundheitshilfe und Gesundheitsförderung eine bedeutende Rolle spielen. Als Spezialbereich hat sich in den letzten zehn Jahren die Klinische Sozialarbeit entwickelt. Sie zielt auf die Autonomisierung und Reintegration von Patienten ab. Ihre wichtigsten Instrumente dabei sind die Fallanalyse, das Konzept des Casemanagement und die Psychosoziale Beratung (*vgl. HOMFELDT 2002, S. 320 – 324*).

4.2 Interdisziplinäre Ausrichtung

Gesundheitsförderung, als gesellschaftliche Querschnittaufgabe, kann nur dann gewinnbringend umgesetzt werden, wenn alle beteiligten Professionen und Akteure in einem großen Netzwerk zusammengeschlossen werden und interdisziplinär zusammenarbeiten. Wobei sich „gewinnbringend" in diesem Zusammenhang auf den höchstmöglich zu erreichenden Gesundheitsgewinn für die gesamte Bevölkerung bezieht. Dabei darf keine Profession für sich beanspruchen eine Sonderstellung innerhalb dieses Netzwerkes einzunehmen, sondern alle müssen das Bestreben haben gleichberechtigt und „offen" miteinander zu kommunizieren und voneinander zu profitieren.

Gerade diese interdisziplinäre Ausrichtung ist seit jeher ein herausragendes Merkmal Sozialer Arbeit. Durch ihre „Allzuständigkeit" kann jedes Problem, das sich im menschlichen Alltagsleben offenbart, zum Gegenstand ihrer Interventionen werden. Das was sich sonst als „Grundproblem" der Sozialen Arbeit darstellt, nämlich die unzureichende Definitionsfähigkeit dieser Profession, zeigt sich hier als Chance, die in diesem Maße keine andere Profession für sich in Anspruch nehmen kann.

„Die Sozialpädagogik hat keine bzw. nur schwach ausgeprägte (thematischen) Filter, mit denen sie Probleme aussteuern kann, wie etwa die Medizin, die sich per Definition um gesundheitliche Beeinträchtigungen zu kümmern hat und sich im Regelfall auf jene beschränkt." (*GALUSKE / MÜLLER 2002, S. 489*).

Als Legitimationsproblem ist allerdings gerade in diesem Zusammenhang zu sehen, dass die Soziale Arbeit immer in staatliche Gewährungs- und Kontrollkontexte eingebunden ist und daher nicht über eine den klassischen Professionen vergleichbare Autonomie verfügt (*vgl. GALUSKE / MÜLLER 2002, S. 490*).

Um interdisziplinär arbeiten zu können, bedarf es Fähigkeiten wie Kommunikationsbereitschaft, Partizipation, eine Konzept- und Methodenvielfalt, die Fähigkeit Verantwortung teilen zu können und vor allem die Fähigkeit die Fachterminologie der angrenzenden Professionen zu verstehen und sprechen zu können. Die Notwendigkeit eines solchen Bestrebens ergibt sich aus der wachsenden Komplexität menschlicher Gesundheitsprobleme und der zunehmenden Spezialisierung der Interventionsangebote.

4.3 Beispiele salutogenetisch orientierter Methoden und Konzepte

Im Laufe der Arbeit war schon des öfteren von Konzepten und Methoden der Sozialen Arbeit die Rede, die auch für die Gesundheitsförderung von besonderer Bedeutung sind. Sicherlich existieren eine Vielzahl von Konzepten und Methoden, die sowohl für die Soziale Arbeit als auch für die Gesundheitsförderung eine große Rolle spielen. Stellvertretend sollen hier die drei wichtigsten (Personenzentrierte Beratung, Empowerment und Casemanagement) kurz vorgestellt werden.

Personenzentrierte / Klientenzentrierte Beratung
Die Personen- oder Klientenzentrierte Beratung wurde von dem Amerikaner Carl Rogers (ca. 1928) entwickelt und von dem Psychologen-ehepaar Annemarie und Reinhard Tausch (ca. 1960) in Deutschland eingeführt und in Form der Gesellschaft für wissenschaftliche Gesprächspsychotherapie (GwG) institutionalisiert. Aus dem Namen dieser Gesellschaft lässt sich bereits ableiten, dass es sich auch um eine psychotherapeutische Interventionsmethode handelt. Beide Methoden unterscheiden sich aufgrund ihrer Interventionsintensität, wobei die Übergänge fließend sind.

Rogers stellte die Hypothese auf, dass eine wirksame Beratung aus einer eindeutig strukturierten und gewährenden Beziehung besteht, die es dem Klienten ermöglicht, ein Bild seiner Selbst zu erlangen, das es ihm ermöglicht, aufgrund dieser Erkenntnis positive Schritte zu unternehmen (*vgl. WEINBERGER 1998; S. 30*). Rogers ging davon aus, dass jedem Menschen eine Selbstverwirklichungstendenz innewohnt, die jedoch bei ungünstigen psychosozialen Einflüssen gestört wird oder vollkommen stagniert. Ziel der Beratung ist es daher, den Klienten in einer geeigneten Atmosphäre wieder zu befähigen, aus diesem Potential zu schöpfen. Der Ansatz arbeitet also ressourcenorientiert.

Die Methode selbst stellt den Klienten in den Mittelpunkt aller Bemühungen. Nicht der Therapeut bestimmt den Verlauf und die Interventionsinhalte, sondern der Klient. Es handelt sich daher um eine non – direktive Methode.

Kernvariablen der Personenzentrierten Beratung sind Empathie, vorbedingungsfreies Akzeptieren und Kongruenz. Durch empathisches Einfühlen wird die aktuelle emotionale Verfassung des Klienten wahrgenommen und gespiegelt, wobei der Klient mit all seinen Stärken und Defiziten angenommen und akzeptiert wird. Man könnte diese Haltung vergleichen mit der Haltung, die eine Mutter ihrem Kind entgegenbringt. Nur wenn der

32

Klient dieses „vorbedingungsfreie Angenommensein" spürt, kann er sich öffnen und seine Selbstverwirklichungstendenz leben. Kongruenz bedeutet, dass der Berater die geforderten Haltungen gegenüber dem Klienten nicht nur „professionell" im Sinne von „berufsmäßig" annimmt, sondern sie so verinnerlicht, dass er sie tatsächlich lebt. Äußere und innere Haltung müssen übereinstimmen.

Die Personenzentrierte Beratung ist innerhalb der Gesundheitsförderung von besonderer Bedeutung, weil gerade im Gesundheitswesen die PatientInnen im Vergleich zu den Leistungsanbietern und Leistungserbringern die schwächste Position haben. Minimiert man dieses Gefälle, so schafft man die Voraussetzung für eine größtmögliche Compliance von Seiten des Patienten, Erfahrungen haben gezeigt, dass PatientInnen als Koproduzenten und „Experten in eigener Sache" ihre eigene Gesundheit in sehr positiver Weise beeinflussen können. Dazu sind jedoch Information und Beratung notwendig und diese müssen zwangsläufig beim Patienten ansetzen und ihn dort abholen, wo er steht. Gleichzeitig wird dadurch ein Stärkungsprozess angeregt, der zum Konzept des Empowerment gehört.

Empowerment

Das Konzept des Empowerment stammt aus dem angloamerikanischen Raum und wird seit Anfang der 90er Jahre verstärkt auch in Deutschland angewendet. Ihr Ziel ist es eine mögliche Defizitorientierung durch eine Ressourcenorientierung zu ersetzen. Dabei handelt es sich um einen Prozeß, in dem Menschen dazu ermutigt werden sollen, ihre persönlichen Belange selbstbestimmt zu bearbeiten und eigenen Lösungs- und Bewältigungsstrategien zu vertrauen. Empowermentprozesse vollziehen sich immer auf drei Ebenen: auf der individuellen Ebene, der Gruppenebene (z. B. in Form von Selbsthilfegruppen) und der strukturell – organisatorischen Ebene. Für die Akteure der Sozialen Arbeit ist Empowerment als professionelle Haltung sozialen Handelns zu verstehen (*vgl. GALUSKE 2001, S. 263 – 268*).

Bezogen auf die Gesundheitsförderung bedeutet die Einführung des Empowermentkonzeptes den Patienten, Klienten und Kunden, aber insbesondere auch den Akteuren des Gesundheitswesens, das Wissen und das Vertrauen zu vermitteln, das jeder Mensch, unabhängig von seiner sozialen Schicht oder seines Bildungsstandes, in der Lage ist gesundheitsfördernde Maßnahmen in sein Leben zu integrieren und damit aktiv etwas zur eigenen Gesundheit beizutragen. Diesem Prozeß muss natürlich eine gezielte Patientenedukation in Form von Informationsbereitstellung, Schulung und Beratung vorausgehen. Als sehr hilfreich hat sich hier der Setting – Ansatz bewährt. Ziel ist es, durch Übertragung von Verantwortung die Autonomie und Partizipation der Patienten, Klienten und Kunden zu fördern. Dies wäre gerade im Hinblick auf die zunehmenden chronischen Erkrankung von besonderer Bedeutung, da diese oft lebenslanger Verhaltensänderungen und Lebensumstellungen bedürfen, wie z. B. besondere Diäten o. ä.

Case Management

Das Konzept des Case Management, auch als Unterstützungsmanagement bezeichnet, ist zu den Einzelfallhilfen zu zählen und entstand Mitte der 70er Jahre in den USA. Die Ziele des Case Management sind die Förderung der Fähigkeiten des Klienten zur Wahrnehmung sozialer Dienstleistungen und die Verknüpfung professioneller, sozialer und persönlicher Ressourcen, um so die höchstmögliche Effizienz im Hilfeprozess zu erreichen. Dabei steht letzteres auch in enger Verbindung zu den Zielen des Sozialmanagement. Dem „Casemanager" obliegt eine durchgehende Fallverantwortung mit Koordinationsfunktion. Der Prozess selbst ist durch unterschiedliche Phasen gekennzeichnet. In der ersten Phase kommt es zur Einschätzung der aktuellen Situation, der vorhandenen Ressourcen und der individuellen Bedürfnisse. Man bezeichnet diese Phase auch als Assesmentphase. In der zweiten Phase kommt es zur Zielfestschreibung und zur Erstellung eines Hilfeplanes. Hierbei ist zu beachten, dass sich Ziele im Laufe einer Intervention durchaus ändern oder wegfallen können. Sie sind daher regelmäßig zu evaluieren. Dann folgt die Intervention selbst. Die letzten beiden Phasen sind die Kontrollphase und die Auswertungs- bzw. Evaluationsphase. Sie sind wichtig, um im Rahmen eines Qualitätsmanagements in einem Prozess der ständigen Verbesserung zu bleiben (*vgl. DEUTSCHER VEREIN FÜR ÖFFENTLICHE FÜRSORGE, 1997, S. 186*).

Bezogen auf Maßnahmen innerhalb des Gesundheitswesens muss Casemanagement als Antwort auch die zunehmende Spezialisierung und die immer weiter zunehmende Vielfalt an Therapie- und Interventionsangeboten gesehen werden, die für die Patienten, Klienten und Kunden oft nicht mehr zu überschauen sind. Hier kann Casemanagement helfen effiziente und effektive Wege zur Gesundheitsförderung, aber auch zur Kuration aufzuzeigen.

B Empirischer Teil

4   Zielsetzung und Methodologie

Primäres Ziel der durchgeführten empirischen Untersuchung ist festzustellen, inwieweit der Bevölkerung das Konzept der Salutogenese als ein Konzept der Gesundheitsförderung überhaupt bekannt ist (1. Gruppenbildung, siehe auch Punkt 6.2).
Diese Aussage soll als Grundlage für die Bewertung der Frage genommen werden, ob sich tatsächlich ein Paradigmenwandel vollzogen hat und wenn ja, auf welchen Ebenen sich dieser Paradigmenwandel abspielt.

Des Weiteren soll untersucht werden, ob man Aussagen dazu machen kann bei welchen Gruppen das Konzept bekannt ist (2. Gruppenbildung, siehe auch Punkt 6.2), bzw. bei welchen es nicht bekannt ist (3. Gruppenbildung, siehe auch Punkt 6.2). Dies wiederum soll Rückschlüsse ermöglichen, wie diese Gruppen in Zukunft erreicht werden können und welche Maßnahmen noch durchgeführt werden müssen, um das Konzept einer breiteren Masse von Menschen zugänglich zu machen.

Weitere Gruppenzuordnungen erfolgten über die Variablen Alter, Gesundheitszustand, Bildungsstand, Geschlecht, Familienstand, Ausbildungsstand und der Frage nach dem Vorhandensein von Kindern.
Die Beurteilung des Konzeptes durch die Probanden soll Rückschlüsse über deren allgemeine Akzeptanz bei der Bevölkerung geben (4., 5. und 6. Gruppenbildung, siehe auch Punkt 6.2).

Außerdem soll festgestellt werden, ob die Bevölkerung generell über Maßnahmen der Gesundheitsförderung aufgeklärt wird und wenn ja, durch wen diese Aufklärung vollzogen wird, bzw. ob sie schon an Maßnahmen zur Gesundheitsförderung teilgenommen haben.
Als Forschungsmethode wurde die quantitative Erhebung mittels schriftlicher Befragung anhand eines selbst entworfenen Fragebogens ausgewählt.

5.1 Quantitative Forschung

Die Entscheidung für Methoden der quantitativen Forschung findet ihre Begründung in dem großen gesellschaftlichen Bedarf an quantifizierbaren Daten. „Statistiken sind aus dem Alltag nicht wegzudenken, sie prägen unsere Wahrnehmung der Wirklichkeit und legitimieren politische Entscheidungen" (*BORTZ / DÖRING 2002, S. 302*). Trotz der vielfachen Kritik an dieser Forschungsmethode (reduzierend, nicht wirklichkeitsrelevant usw.) scheint sie doch für die Grundbeantwortung der hier aufgeworfenen Fragen zunächst das geeignete Instrument zu sein, um den momentanen Ist – Zustand festzuhalten und zu verdeutlichen.

Außerdem schafft gerade die Fragebogenerhebung mehr Distanz zum Forscher, was insbesondere im Hinblick auf die zu beantwortenden Fragen zum Gesundheitszustand der Probanden sinnvoll erscheint, da nicht jeder problemlos über bestehende Gesundheitsstörungen berichten kann (*vgl. BORTZ / DÖRING 2002, S. 296*).

Es ist jedoch keineswegs auszuschließen, dass evtl. nachfolgende qualitative Untersuchungen weitere Hinweise bezüglich der Ursachen des momentanen Zustandes und vertiefende Erkenntnisse geben können.

Methoden der empirischen Sozialforschung verfolgen generell das Ziel spezifische Ausschnitte der Realität zu untersuchen und auf einer Metaebene möglichst genau darzustellen. Dazu werden bei der quantitativen Forschung die zu erhebenden Daten operationalisiert und in einem weiteren Schritt quantifiziert, also darstellbar gemacht (*vgl. BORTZ / DÖRING 2002 S. 139*).

Eine Datenerhebungsmethode der quantitativen Forschung ist die schriftliche Befragung mittels Fragebogen. Vorteile dieser Erhebungsmethode sind die geringe Kostenintensität und der Verzicht auf steuernde Eingriffe des Interviewers. Nachteilig wiederum kann sich die mangelnde Kontrollierbarkeit der Erhebungssituation auswirken. Bevor man für eine spezielle Fragestellung einen eigenen Fragebogen konzipiert ist es sinnvoll, schon vorhandene validierte Erhebungmethoden auf ihre Anwendbarkeit hin zu prüfen.

Bei der Konzipierung eines Fragebogens sind einige Prinzipien zu beachten, die sich zum einen auf die inhaltliche Gestaltung beziehen, zum anderen auf die optische Aufbereitung. Inhaltlich ist darauf zu achten, dass der ersten Frage (Item), als „Einleitungsfrage" eine besondere Bedeutung zukommt, da sie das Interesse und die Motivation des Probanden erheblich beeinflusst. Bei der Frageformulierung selbst sollten sich möglichst keine

Ausstrahlungseffekte ergeben, d.h. die Beantwortung einer Frage sollte nicht durch die vorherige Frage beeinflusst werden. Sinnvollerweise sollten Fragen, die den selben inhaltlichen Aspekt behandeln hintereinander abgefragt werden und Fragen bezüglich sensibler oder schwieriger Themen am Ende des Fragebogens stehen, um die Motivation der Probanden nicht negativ zu beeinflussen.

Unterschieden wird zwischen Items mit offener Beantwortung, Items mit halboffener Beantwortung und Items mit Antwortvorgaben. Fragen mit Antwortvorgaben sind in der Regel offenen Fragen vorzuziehen, da sie die Auswertung erheblich erleichtern. Für die Erkundung konkreter Sachverhalte eignen sich allerdings offene Fragen besser, auch wenn sich für die Auswertung das Problem der Lesbarkeit von Handschriften und die mühsame und oft zeitaufwendige Kategorisierungsarbeit ergibt.

Als letzter Schritt der inhaltlichen Fragebogenkonstruktion ist noch einmal die Relevanz der einzelnen Fragen und deren Bezug auf die zu messenden Variablen zu prüfen.

Die optische Ausgestaltung eines Fragebogens sollte übersichtlich und ansprechend sein. Es sollte dem Probanden z. B. durch einer leicht zu folgenden Filterführung so leicht wie möglich fallen, den Fragebogen durchzuarbeiten und auszufüllen. Die Verwendung verschiedener Frageformen ermöglicht eine abwechslungsreichere Fragebogengestaltung *(vgl. BORTZ / DÖRING, S. 213, 253 – 256, SCHNELL / HILL / ESSER 1999, S. 319 – 324).*

5 Durchführung

Die Auswahl der Probanden erfolgte durch Zufallsstichprobe. Der Stichprobenumfang betrug 65 Probanden, mit einem Rücklauf von 57 (n = 57). Um die Fragebögen möglichst vielen Bevölkerungsgruppen zugänglich zu machen wurden verschiedene Institutionen aufgesucht. Zu diesen gehören eine Naturheilkundliche Praxis, ein Kindergarten, eine mittelständige Firma, ein Wohngebiet und eine Fachhochschule (Fachbereich Sozialpädagogik). Der Fragebogen wurde den Probanden persönlich übergeben und nach einem vereinbarten Zeitraum wieder in Empfang genommen.

6.1 Forschungsdesign

Da bezüglich der vorliegenden Erhebung noch kein entsprechendes Erhebungsverfahren existiert, wurde ein selbst entwickelter fünfseitiger Fragebogen verwendet, der im Anhang der Arbeit einzusehen ist. Bei der Konzipierung dieses Fragebogens wurden Items mit offener Bewertung, Items mit Antwortvorgaben (geschlossene Fragen) und eine Skala eingesetzt. Das Einfügen eines „Filters" in Abschnitt B, Frage 1 dient der schnelleren Beantwortung des Fragebogens für Probanden, die diese Frage mit „nein" beantworten konnten. Der „Filter" machte es diesen Probanden möglich, die beiden Folgefragen zu überspringen und direkt mit Frage 4 fortzufahren. Die offenen Fragen sollten den Probanden die Einbringung individueller Antwortalternativen ermöglichen, was insbesondere im Hinblick auf die Konzeptbewertung besonders wichtig war. Die geschlossenen Fragen wurden lediglich eingesetzt bei Fragen, bei denen von vornherein nur eine begrenzte Anzahl an Antwortalternativen zur Verfügung stand, oder bei Fragen, bei denen nur bestimmte Antwortalternativen von Bedeutung waren. Durch die Ergänzung mit einer Spalte „Sonstiges" wurde die Gefahr ausgeräumt, dass sich Probanden mit ihrem Beantwortungswunsch nicht wiederfanden.
Um die Analyse und Auswertung zu ermöglichen wurden die Antworten der offenen Items in die unter Punkt 6.2 aufgeführten Kategorien eingeteilt. Die Ergebnisse der Items mit Antwortvorgaben mussten lediglich übernommen werden. Um die Übersichtlichkeit zu erleichtern wurden die Geburtsjahre der Probanden in Zehnerschritte eingeteilt.

6.2 Deskription und Analyse

Zunächst wurden die Rohdaten von den Fragebögen in eine „Exeldatei" in Form einer Matrix übernommen. Wie schon beschrieben wurden hierzu Kategorien gebildet, um die gegebenen Antworten einordnen zu können. In einem weiteren Schritt wurden diese Kategorien für die graphische Darstellung und computergestützte Bearbeitung aufgearbeitet, indem sie einer Ziffer zugeordnet wurden. Mit Hilfe des Programms war es nun möglich je nach Fragestellung die Ergebnisse der Erhebung in beliebigen Gruppen zu selektieren.

Die in dieser Arbeit durchgeführten Gruppierungen beziehen sich auf die in der Einleitung, sowie in der Zielbeschreibung des empirischen Teils schon aufgeworfenen Fragen und sollen im Folgenden kurz aufgeführt werden.

Zur Verdeutlichung der Gruppierungen wurden diese in Diagrammen dargestellt.

1. Frage A.1 - Ja / Nein Analyse (Diagramm A1)
2. Frage A.1 (Ja) in Korrelation mit Frage C.6 (Beruf) (Diagramm D1)
3. Frage A.1 (Nein) in Korrelation mit C.6 (Beruf) (Diagramm D2)
4. Frage A.2 - Beurteilung des Konzeptes (Diagramm A2)
5. Frage A.4 - Bewertung der Wirksamkeit (Diagramm A4)

(Alle neu entworfenen Fragen wurden mit dem Buchstaben D gekennzeichnet und fortlaufend durchnummeriert.)

Weitere Daten lassen sich aus der folgenden Tabelle ablesen, in der die einzelnen Items mit ihren jeweiligen Kategorien und der Ergebnisse der Erhebung dargestellt werden.

Für die grau unterlegten Items wurden jeweils die Diagramme erstellt.

Tabelle III: Items, Kategorienbildung und Ergebnisse

		An-zahl
Haben Sie vor dieser Befragung schon einmal etwas über das Konzept der Salutogenese gehört oder gelesen, wenn ja, in welchem Zusammenhang?		
	ja	16
	nein	40
	keine An-gabe	1
	Kom-mentar	
Wie gefällt Ihnen dieses Konzept? Was gefällt Ihnen besonders gut, was weniger und welche Aspekte überhaupt nicht?		
	gut	49
	gut mit Ein-schrän-kung	7
	schlecht	0
Könnten Sie sich vorstellen sich oder eines Ihrer Familienmitglieder nach diesem Konzept beraten und / oder behandeln zu lassen, um Ihre Gesundheit nachhaltig zu stärken?		
	ja	55
	nein	0
	keine An-gabe	2
Wie beurteilen Sie die Wirksamkeit des Konzeptes?		
	gut	41
	keine kla-re Aussa-ge	12
	schlecht	1
Leiden Sie unter chronischen Erkrankungen? Wenn ja welche? Wenn nein, fahren Sie bitte mit der Beantwortung von Frage 4,		

dieses Abschnittes fort!			
		ja	23
		nein	28
		keine An-gabe	5
Bei welcher Fachrichtung haben Sie dies-bezüglich um Hilfe ersucht?			
		ÄrzteIn-nen	28
		Psycholo-genInnen	4
		Heilprakti-kerInnen	7
		Beratungs-stelle	1
		Sonstige	4
Wie wurden Sie behandelt?			
		Naturheil-kundliche Behand-lung	13
		Medika-mentös	24
		Operativ	5
		Beratend	21
		Sonstiges	4
Wurden Sie jemals über Maßnahmen der Gesundheitsförderung aufgeklärt? Wenn ja beschreiben Sie bitte Art und Umfang die-ser Aufklärung, und durch wen diese Auf-klärung erfolgte.			
		ja	28
		nein	28
Wie würden Sie Ihren momentanen Ge-sundheitszustand auf einer Skala von 1-10 bewerten?			
		1	0
		2	2
		3	4
		4	1
		5	3
		6	2

			7	7
			8	20
			9	13
			10	3
Haben Sie schon einmal an Maßnahmen der Gesundheitsförderung teilgenommen? Wenn ja welche?				
			Autoge-nes Trai-ning	15
			Prog.Mus kel-entspan-nung	6
			Rücken-schule	17
			Lauftreff	6
			Ernäh-rungs-beratung	6
			Psycho-soziale Beratung	9
			Sonstiges	12
Geburtsjahr				
			1930-1940	1
			1941-1950	2
			1951-1960	7
			1961-1970	20
			1971-1980	20
			1981-1990	6
Geschlecht				
			männlich	25
			weiblich	32
Familienstand				

43

		ledig	26
		verheiratet	22
		nicht-eheliche Lebensgemeinschaft	7
		dauernd getrennt lebend	1
		geschieden	1
		verwitwet	0
Haben Sie Kinder?			
		ja	21
		nein	36
		Anzahl	
Höchster erreichter Ausbildungsstand			
		Hauptschule	2
		Mittlere Reife	17
		Abitur	22
		Abgeschlossenes Studium	11
		Berufsbezogene Ausbildung	15
Beruf?			
		arbeitslos	0
		Sozialer Bereich	6
		Med. Bereich	7
		StudentIn	22
		Techn. Bereich	18

		Verwal-tung	4
		Sonstiges	6
Bei welchen Gruppen ist das Konzept bekannt?			
		Mit ja geantwortet	16
		arbeitslos	0
		Sozialer Bereich	3
		Med. Bereich	3
		StudentIn	12
		Technischer Bereich	0
		Verwal-tung	1
		Sonstiges	2
Bei welchen Gruppen ist das Konzept bekannt?			
		Mit nein geantwortet	40
		arbeitslos	0
		Sozialer Bereich	3
		Med. Bereich	4
		StudentIn	10
		Technischer Bereich	17
		Verwal-tung	3
		Sonstiges	4

6.3 Ergebnis der quantitativen Forschung

Zu Beginn sollen die in der Einleitung und in der Zielformulierung des empirischen Teils der Arbeit aufgeworfenen Fragen beantwortet werden. Im weiteren Verlauf werden dann noch weitere interessante Ergebnisse der Erhebung beschrieben.

1. Inwieweit ist der Bevölkerung das Konzept der Salutogenese, als ein Konzept der Gesundheitsförderung, überhaupt bekannt?
   Hier haben 70 % der Befragten mit „nein" geantwortet, 2 % haben keine Angaben gemacht und nur 28 % haben die Frage mit „ja" beantwortet.

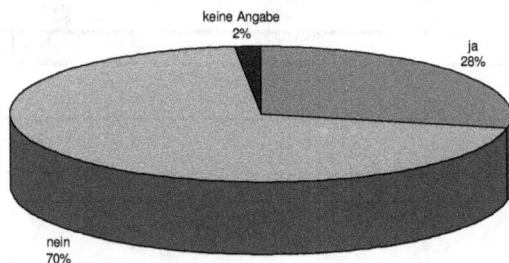

Diagramm A1
Bekanntheitsgrad der Salutogenese innerhalb der Bevölkerung
Ja- / Nein-Analyse

keine Angabe
2%

ja
28%

nein
70%

2. Welche Gruppen kennen das Konzept?
   Hier wurde eine Zuordnung zu unterschiedlichen Berufssparten vorgenommen.
   14 % der Menschen die das Konzept der Salutogenese bereits kennen
   üben einen Beruf aus, der im medizinischen Bereich anzusiedeln ist.
   Weitere 14 % kommen aus der Sozialen Arbeit, 10 % aus sonstigen
   Berufsgruppen und 5 % aus Bereichen der Verwaltung. Der größte Teil
   von 57 % wird von Studenten der Sozialpädagogik gebildet.

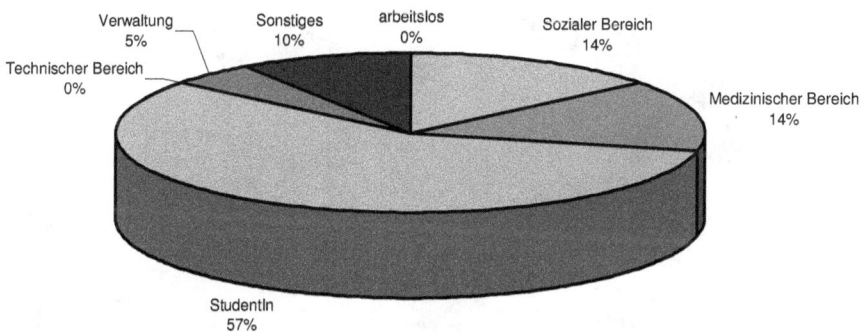

Diagramm D1
Berufszugehörigkeit der Personen, denen das Konzept bekannt ist

Verwaltung 5%

Sonstiges 10%

arbeitslos 0%

Sozialer Bereich 14%

Technischer Bereich 0%

Medizinischer Bereich 14%

StudentIn 57%

3. Welche Gruppen kennen das Konzept nicht?

Auch hier wurde die Zuordnung wieder über die unterschiedlichen Berufssparten vorgenommen. Der größte Teil der Menschen die das Konzept nicht kennen arbeitet in einem technischen Beruf (42 %). 24 % studieren Sozialpädagogik, 10 % üben sonstige Berufe aus und 7 % arbeiten in einer Verwaltung. Im medizinischen Bereich kennen 10 % das Konzept nicht und im sozialen Bereich 7 %.

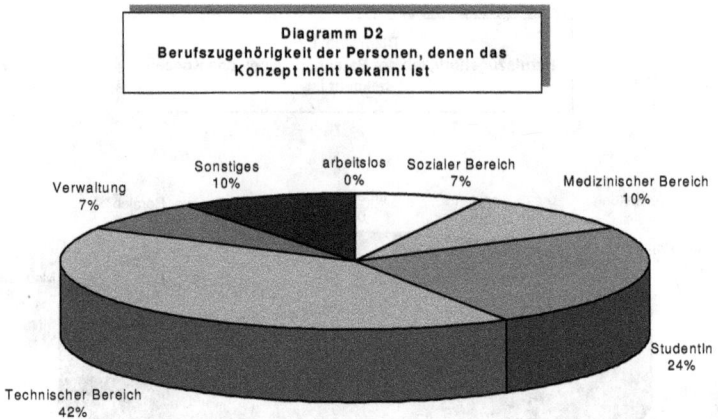

Diagramm D2
Berufszugehörigkeit der Personen, denen das Konzept nicht bekannt ist

Verwaltung 7%

Sonstiges 10%

arbeitslos 0%

Sozialer Bereich 7%

Medizinischer Bereich 10%

Studentin 24%

Technischer Bereich 42%

4. Wie hoch ist die Akzeptanz des Konzeptes innerhalb der Bevölkerung? 87 % der Befragten gefällt das Konzept gut und nur 13 % haben die eine oder andere Einschränkung gesehen. Keiner der Befragten hat das Konzept abgelehnt.

Diagramm A2
Beurteilung des Konzeptes

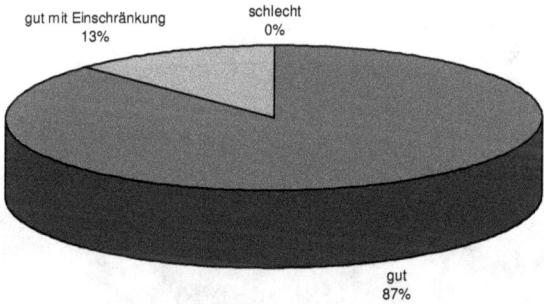

gut mit Einschränkung
13%

schlecht
0%

gut
87%

5. Wie beurteilt die Bevölkerung die Wirksamkeit des Konzeptes?
   70 % der Befragten haben das Konzept als sehr wirksam eingestuft,
   22 % haben keine klare Aussage getroffen und nur 2 % zweifeln die
   Wirksamkeit an.

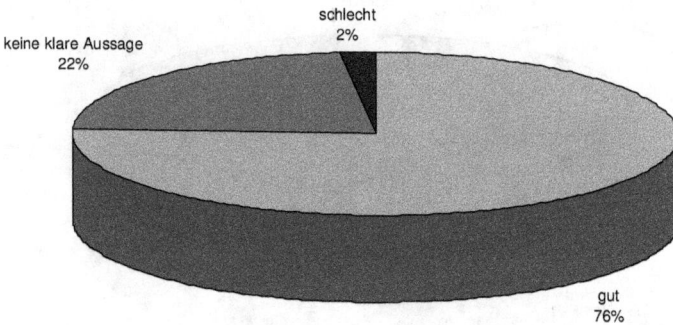

Diagramm A4
Bewertung der Wirksamkeit

keine klare Aussage
22%

schlecht
2%

gut
76%

Weitere interessante Ergebnisse sind:
54 % der Befragten die an einer chronischen Erkrankung leiden wurden
noch nie über Maßnahmen der Gesundheitsförderung aufgeklärt.
Bei den Menschen die über Gesundheitsförderung aufgeklärt wurden, wurde diese durch folgende Akteure durchgeführt: Familie, Therapeuten,
Krankenkasse, Medien oder während der Ausbildung.

7 Diskussion der empirischen Ergebnisse

Zusammenfassend läßt sich festhalten, dass der Bekanntheitsgrad des Konzeptes mit gerade mal 28 % sehr gering ist. Hier kann also keineswegs die Rede von einem Paradigmenwandel sein, vielmehr muss nach geeigneten Wegen gesucht werden, der Bevölkerung das Konzept der Salutogenese in geeigneter Form nahe zu bringen, insbesondere im Hinblick auf die Tatsache, dass 87 % der Befragten das Konzept gut gefallen hat und es von 70 % als sehr wirksam eingestuft wurde.

Auch die Tatsache, dass 54 % der chronisch Erkrankten noch nie über Maßnahmen der Gesundheitsförderung aufgeklärt wurden verdeutlicht noch einmal den hohen Bedarf an weiteren Maßnahmen, auch im strukturellen Bereich des Gesundheitswesens.

Es hat sich gezeigt, dass gerade bei Menschen die in technischen Berufen arbeiten das Wissensdefizit bezüglich des salutogenetischen Konzeptes besonders ausgeprägt ist. Hier scheint der Setting – Ansatz ein geeignetes Instrument zu sein, diese Menschen besser erreichen zu können. Es ist auffällig, dass StudentInnen der Sozialpädagogik 57 % der Gesamtmenge ausmachen, welche das Konzept bereits kennen. Dies verdeutlicht das große Potential das hier, auch für die Zukunft zur Verfügung steht, so dass es eigentlich nahe liegen müßte, auch von politischer und rechtlicher Seite her endlich geeignete Voraussetzungen, in Form von eigenen Abrechnungsmöglichkeiten zu schaffen, um dieses Potential in Zukunft adäquat nutzen zu können. Interessant wäre auch eine Erhebung bei Medizinstudenten, um zu sehen ob hier zumindest in Zukunft, ein Wandel zu mehr Gesundheitsförderung nach salutogenem Ansatz zu erwarten ist.

Die hier vorgestellte Untersuchung verdeutlicht den tatsächlichen momentanen Stand der Dinge bezüglich eines Paradigmenwandels. Sie macht deutlich, dass auf vielen Ebenen noch erheblicher Handlungsbedarf besteht. Im weiteren Verlauf der Arbeit wird anhand eines Praxisbeispiels eine konkrete Möglichkeit der Umsetzung des salutogentischen Konzeptes aufgezeigt. Interessant wäre es sicherlich hierzu evtl. nach einem Jahr eine erneute Erhebung zu machen und diese mit den jetzigen Ergebnissen zu vergleichen. Daran würde dann z. B. auch deutlich, ob die Erwartungen der Bevölkerung, die ja laut der jetzigen Erhebung sehr hoch sind, bei der praktischen Umsetzung erfüllt werden.

Abschließend sollte noch erwähnt werden, dass die Bereitschaft sich oder seine Familienmitglieder nach dem Konzept behandeln zu lassen mit 96 % enorm hoch ist. Hieran wird deutlich wie stark die Bereitschaft ist sich (auch) neuen Konzepten zuzuwenden bzw. sich von der ausschließlich medizinisch dichotomen Sichtweise abzuwenden. Diesem Bestreben der Bevölkerung sollte Rechnung getragen werden, indem ein tatsächlicher Paradigmenwandel nicht nur verbal, sondern auch praktisch vollzogen wird.

C Fazit

8 Praxisbeispiel einer sozialpädagogischen Intervention

Anhand der konzeptionellen Planung eines Gesundheitszentrums nach salutogenetischen Gesichtspunkten soll verdeutlicht werden, wie die praktische Umsetzung sozialpädagogischer Arbeit vollzogen werden kann. Im Mittelpunkt dieser Planung steht das Konzept der Salutogenese. Es fließen jedoch auch Aspekte des Casemanagement und des Empowerment mit ein, mit dem Ziel einen Stärkungsprozess bei den Patienten, Klienten und Kunden zu initiieren. Dieser Stärkungsprozess soll jedoch keineswegs einen Gegenpol zu den bisher üblichen Compliance – Modellen bilden, sondern diesen vielmehr eine andere Richtung geben. Bislang forderten die Compliance – Modelle in medizinischen Einrichtungen von den Patienten eine eher untergeordnete, fügsame Rolle einzunehmen und sich auch ohne tieferes Verständnis der Modalitäten und Gründe strikt an die Anweisungen und Forderungen des medizinischen Personals zu halten. Da aber gerade die immer weiter zunehmenden chronischen Erkrankungen von den Patienten häufig eine tiefgreifende Veränderung der gewohnten Lebensführung bedeuten und Erfahrungen gezeigt haben, dass Verbote und Gebote hier eher gegenteilige Verhaltensweisen provozieren (der Reiz des Verbotenen) sollen in diesem Konzept Wege der Patientenedukation eingeschlagen werden. Durch Stärkung des Kohärenzgefühls und der Autonomie werden Patienten, Klienten und Kunden dazu veranlasst eine gesündere Lebensführung einzuschlagen. Ziel ist die Erreichung einer maximalen Compliance durch positive Beziehungen, Wissensvermittlung und eine kognitive Umsetzung mit der daraus folgenden langfristigen Verhaltensänderung.

Die zeitliche Planung des Projektes erfolgte datengestützt, mit Hilfe des Computerprogrammes MS Projekt. Die Ergebnisse diese Planung sind in der folgenden Beschreibung nachzulesen. Dabei verläuft die Reihenfolge der zu erledigenden Arbeitspakete analog zu der hier vorgestellten Gliederung.

8.1 Kurzbeschreibung des Projekts

Projektname:
Gesundheitszentrum - Centro Veritas

Voraussetzungen:
Auf dem Gelände des St. Marien Krankenhauses (der Name des Krankenhauses wurde aus Datenschutzgründen geändert) befinden sich neben dem Krankenhaus (mit den Abteilungen Anästhesie / Intensivmedizin, Urologie, Innere Medizin, Chirurgie, Gynäkologie / Geburtshilfe, Radiologie, Notfallambulanz, Elternschule, Arbeitsgemeinschaft Notfallmedizin, Diabetiker Schule, das trägereigene Hospiz, die katholische Krankenhaushilfe, die Koronarsportgruppe, die Seelsorge und der Sozialdienst) mehrere eigenständige Praxen, wie

- der ambulante Krankenpflegedienst,
- die Praxis für Dermatologie und Allergologie
- die Praxis für Hals – Nasen – Ohrenheilkunde
- das Institut für Ernährungsberatung und Diätetik,
- die Physiotherapeutische Praxis,
- die Praxis für Kinderheilkunde,
- die Praxis für Naturheilkunde & Psychosoziale Beratung
- die Praxis für Onkologie
- die Praxis für Plastische Chirurgie
- die Praxis für Strahlentherapie

Ressourcen:
- Die aufgeführten Abteilungen des Krankenhauses. (stationäre Versorgung)
- Die Einzelpraxen. (ambulante Versorgung)
- Eine Vielzahl unterschiedlicher Professionen, auf einem Gelände.
- Mehrere z.Zt. ungenutzte Räume in unterschiedlichen Größen.
- Ein Schwimmbad.
- Gute Verkehrsanbindung und Parkmöglichkeiten auf dem Gelände.
- Eine bestehende und gut funktionierende Infrastruktur.

Projektidee:
Zusammenschluss des Krankenhauses und der einzelnen Praxen unter einem gemeinsamen Dach (Gesundheitszentrum – Centro Veritas) mit dem Ziel der interdisziplinären Zusammenarbeit der unterschiedlichen Professionen, der optimalen und lückenlosen Verzahnung von stationärer und ambulanter Versorgung und einer nachhaltigen Gesundheitsentwicklung nach dem Konzept der Salutogenese auf regionaler und überregionaler Ebene.

Ziele:
1. Vernetzung der Organisation Krankenhaus und der Einzelpraxen zu einem gesundheitsfördernden, „lernenden" Zentrum für Mensch und Medizin und Verbesserung der interdisziplinären Zusammenarbeit.
2. Erweiterung des z. Zt. kurativ orientierten Dienstleistungsspektrums, durch Maßnahmen der primären, sekundären und tertiären Prävention, sowie Maßnahmen der aktiven Gesundheitsförderung nach salutogenetischem Ansatz. Orientierung an somatischer, psychischer (spiritueller) und sozialer Gesundheit.
3. Nachhaltige Gesundheitsentwicklung und Verbesserung des gesundheitsbezogenen Selbstmanagements, der regionalen und überregionalen Bevölkerung, Stärkung des Kohärenzgefühls, Erweiterung der individuellen Lebens- und Bewältigungskompetenz.
4. Ausdifferenzierung der Angebote, für Kinder, Jugendliche, Erwachsene und alte Menschen zur Gewährleistung der Patientenzentrierung.
5. Ausdehnung der Netzwerkarbeit auf umliegende medizinische und gesundheitsfördernde Einrichtungen zwecks kooperativer Zusammenarbeit.
6. Kontinuierliche Optimierung des Gesundheitsgewinns der Bevölkerung durch Qualitätsmanagement und –sicherung.

8.2 Netzwerk

Der Zusammenschluss der folgenden Einrichtungen bildet das Gesundheitszentrum – Centro Veritas
1. Das St. Marien Krankenhaus mit den Abteilungen Anästhesie / Intensivmedizin, Urologie, Innere Medizin, Chirurgie, Gynäkologie / Geburtshilfe, Radiologie, und die Notfallambulanz. Weitere Einrichtungen des St. Marien Krankenhauses sind die Elternschule, die

Arbeitsgemeinschaft Notfallmedizin, die Diabetiker Schule, das trä gereigene Hospiz, die katholische Krankenhaushilfe, die Koronarsport gruppe, die Seelsorge und der Sozialdienst.

2. Der Ambulante Krankenpflegedienst.
3. Die Praxis für Dermatologie und Allergologie mit den Schwerpunkten Neurodermitis und Hautkrebs.
4. Die Praxis für Hals – Nasen – Ohrenheilkunde mit ihren Angeboten zur Raucherentwöhnung.
5. Das Institut für Ernährungsberatung und Diätetik mit Angeboten für Gesunde, Menschen in besonderen Lebenssituationen oder mit bestimmten Erkrankungen.
6. Die Physiotherapeutische Praxis mit Angeboten der physikalischen und manuellen Therapie.
7. Die Praxis für Kinderheilkunde mit dem Schwerpunkt AD(H)S.
8. Die Praxis für Naturheilkunde & Psychosoziale Beratung mit den Schwerpunkten der naturheilkundlich orientierten Medizin, der perso nenzentrierten Beratung in besonderen Lebenslagen, sowie unterschiedlicher Angebote im Entspannungs- und Wellnessbereich.
9. Die Praxis für Onkologie.
10. Die Praxis für Plastische Chirurgie mit Angeboten der wiederherstel lenden - und der Schönheits - OP.
11. Die Praxis für Strahlentherapie.
12. Die Patienten – Informationsstelle als übergeordnete Informations- und Koordinationsstelle, zur Aufklärung aller Patienten, Klienten und Kunden, nach der Methode des Casemanagement und zur Entgegennahme von Anmeldungen. (Die Patienten – Informationsstelle wird neu eingerichtet und mit einer/einem SozialpädagogIn besetzt, mit Kenntnissen des Case Management im Gesundheitsbereich.)

Eine weitere Vernetzung besteht mit den umliegenden Apotheken, den nie-dergelassenen Ärzten der Umgebung, mit einem ansässigen Sanitätsfach-handel und einem Naturkostladen. Weitere Kooperationen mit örtlichen Kindertageseinrichtungen, Schulen und Jugendzentren sind geplant.

8.3 Leitbild

Da Leitbilder Grundlagen für das Funktionieren von Zielsystemen innerhalb einer Organisation sind, besitzen sie zusätzlich einen hohen Stellenwert für Controllingkonzepte, innerhalb des Qualitätsmanagements. Sie müssen konsequent umgesetzt bzw. gelebt werden, damit sie nicht ihren Sinn verlieren. Für lernende Organisationen spielen sie eine zentrale Rolle, da sie als Visionen Zugkraft besitzen. In der Regel macht das Leitbild Aussagen über Aufgaben und Ziele der Organisation, über deren Entstehungsgeschichte, das jeweilige Umfeld, die vorgesehenen Leistungen, den Aufbau und Ablauf und die Kommunikation (*vgl. DEUTSCHER VEREIN FÜR ÖFFENTLICHE UND PRIVATE VORSORGE 1997, S. 615*).
Im vorliegenden Projekt wurden nicht alle Punkte unter dem Oberbegriff Leitbild zusammengefasst, da einige von so entscheidender Bedeutung sind, dass sie gesondert aufgeführt werden sollten. Zusammenfassend kann man sagen, dass es sich bei Leitbildern um ein Versprechen an die Kunden, eine Motivationshilfe für die Mitarbeiter und die Visitenkarte eines Unternehmens bzw. einer Einrichtung handelt.

<u>Leitbild Gesundheitszentrum - Centro Veritas</u>
Das Zentrum VERITAS –ist ein interdisziplinärer Arbeitskreis, der es sich zur Aufgabe gemacht hat Menschen in ihrer Gesamtheit zu begegnen, sie hinsichtlich ihrer biologischen, psychologischen, sozialen und spirituellen Bedürfnisse zu unterstützen und ihnen langfristig zu mehr Gesundheit und Wohlbefinden zu verhelfen.
Schon lange ist die Tatsache unumstritten, dass die meisten Erkrankungen, insbesondere die chronischen Erkrankungen, multifaktorell bedingt sind und biologische, ökologische, psychologische und auch soziale Ursachen haben. Wir haben die einzig mögliche Konsequenz aus dieser Erkenntnis gezogen und durch unseren interdisziplinären Zusammenschluss eine Vision Wirklichkeit werden lassen.

Durch die kooperative Zusammenarbeit unterschiedlichster Fachrichtungen und Professionen sind wir in der Lage, unseren Patienten und Klienten ihren individuellen Bedürfnissen entsprechend zu helfen und patientenorientiert zu arbeiten. Dabei haben wir unseren Schwerpunkt nicht nur auf die Heilung schon bestehender gesundheitlicher Beeinträchtigungen gelegt, sondern auch auf die Verhütung von Krankheiten sowie auf die Möglichkeiten der Früherkennung. Durch unser umfassendes Angebot sind wir in der Lage Menschen zu stärken, noch bevor gesundheitliche Probleme auftreten, Beeinträchtigungen so frühzeitig zu erkennen, dass eine erfolgreiche Intervention möglich ist und schon bestehende Krankheiten ganzheitlich zu lindern und zu heilen.

Ein besonderes Anliegen unserer Arbeit ist die nachhaltige Stärkung unserer Patienten, Klienten und Kunden durch unser breites Angebot an „Gesundheitsseminaren". Ziel dieser Seminare ist es, einen Prozess der Gesundheitsentwicklung anzuregen und auf Dauer zu begleiten. Im Mittelpunkt unserer Bemühungen steht immer der einzelne Mensch, mit seinen individuellen Voraussetzungen, Wünschen und Bedürfnissen.

Den wissenschaftlichen Hintergrund unserer Arbeit bildet das Konzept der Salutogenese von Aron Antonowsky. Er fand heraus, dass Gesundheit und Krankheit keine klar voneinander abgrenzbaren Zustände sind, sondern vielmehr zwei Pole eines Kontinuums, zu denen ein Mensch mal mehr, mal weniger tendiert. Wir sehen unsere Aufgabe darin, Menschen dazu zu verhelfen, sich mehr auf den positiven Pol der Gesundheit zu zubewegen, durch aktive Gesundheitsförderung, Prävention und therapeutische Intervention. Genau wie bei Antonowsky steht der Begriff der Gesundheit im Mittelpunkt unserer Bemühungen, so dass die Stärkung und Unterstützung des Einzelnen unser oberstes Ziel ist.

Als das wichtigste Fundament unserer multidisziplinären Arbeit und der Entwicklung tragfähiger Beziehungen betrachten wir die Kommunikation sowohl untereinander als auch mit unseren Patienten, Klienten und Kunden. Wir sind ständig bemüht, diesen lebendigen Prozess aufrecht zu erhalten und zu optimieren. Dabei geht es uns nicht nur um den reinen Austausch von Sachinformationen, sondern gleichzeitig um eine persönliche Auseinandersetzung auf der Beziehungsebene, da wir davon überzeugt sind, dass eine gute Beziehung Basis und Voraussetzung einer guten Kommunikation ist.

8.4 Organisation und Ablauf

Im Mittelpunkt unserer Arbeit steht das bereits erwähnte salutogenetisch orientierte Gesamtkonzept, dem sich alle angehörenden Einrichtungen verpflichtet fühlen. Unser gemeinsames Bestreben dient dem Wohl und der Unterstützung unserer Patienten, Klienten und Kunden, denen wir mit unserer Arbeit zu mehr Gesundheit, Wohlbefinden und Autonomie hinsichtlich einer gesunden Lebensführung verhelfen möchten.

Die Einrichtungen arbeiten, mit dem Einverständnis der einzelnen Patienten, kooperativ zusammen und ergänzen sich dadurch nahtlos in ihren therapeutischen Interventionen. Dies hat für unsere Patienten, Klienten und Kunden folgende Vorteile:

1. Die Garantie einer umfassenden, ganzheitlichen und individuellen Betreuung.
2. Konservative und naturheilkundlich orientierte Medizin arbeiten Hand in Hand zusammen und ergänzen sich gegenseitig.
3. Medizinische Interventionen werden durch eine psychosoziale Betreuung sinnvoll unterstützt.
4. Alle Leistungen werden an einem Standort angeboten, so dass lange Anfahrtswege entfallen.
5. Das Netzwerk der unterschiedlichen Professionen garantiert eine qualitativ hochwertige Leistungserbringung.

8.4 Wissenschaftlicher Hintergrund

Wie an anderer Stelle bereits erwähnt, bildet das Konzept von Aron Antonowsky den wissenschaftlichen Hintergrund unserer Arbeit. Schwerpunkt dieses Gesundheitsmodells ist die langfristige Gesundheitsförderung des Einzelnen. Durch Förderung und Erweiterung der individuellen Schutzfaktoren und Widerstandsressourcen befähigt es Menschen zu einem gesünderen Leben bis ins hohe Alter.

Zur bildhaften Erklärung seines Konzeptes benutzte Antonowsky gerne folgende Metapher:
„Menschen bewegen sich ihr Leben lang auf den unbefestigten Ufern eines reißenden Flusses. Früher oder später fallen sie in diesen reißenden Fluss hinein und drohen zu ertrinken. Mit Hilfe der Medizin werden sie aus dem

58

Fluss gerissen und vor dem Ertrinken gerettet. Danach werden sie jedoch wieder entlassen und wandern weiter den Fluss entlang. Irgendwann fallen sie erneut in den Fluss und drohen wieder zu ertrinken. Die Medizin reißt sie erneut hinaus, rettet sie und entlässt sie wieder an den Fluss. Präventive Maßnahmen versuchen hingegen einen Zaun am Flussufer aufzustellen, damit die Menschen nicht mehr in den reißenden Fluss hineinfallen können. Werden diese aber spröde, wirken auch sie nicht mehr nachhaltig. Das Konzept der Salutogenese jedoch verfolgt das Ziel, Menschen Schwimmunterricht zu erteilen. Die Gefahr in den Fluss zu fallen ist allgegenwärtig, Menschen die schwimmen können, haben jedoch den Vorteil, sich selbst helfen zu können. Wie im wirklichen Leben, ist der Schwimmunterricht effektiver, je früher er einsetzt. Je früher also Menschen lernen, den Anforderungen des Lebens, wie Stress und den zivilisationsbedingten Erkrankungen, adäquat zu begegnen, desto wirksamer können sie sich schützen. Grundsätzlich ist es jedoch bis ins hohe Alter noch möglich, Schutzfaktoren zu erwerben und sich gesundheitsfördernd zu verhalten."

Das Konzept hat in den letzten Jahren innerhalb der Gesundheitswissenschaften so starke internationale Beachtung gefunden, dass von einem Paradigmenwandel die Rede ist. Wir tragen diesen Erkenntnissen Rechnung und füllen sie innerhalb unseres Zentrums für Mensch und Medizin mit Leben. Medizin und Salutogenese arbeiten Hand in Hand zusammen und gewährleisten so für unsere Patienten, Klienten und Kunden eine qualitativ hochwertige Versorgung, die höchsten wissenschaftlichen und vor allem den bio – psycho - sozialen Ansprüchen unserer Patienten, Klienten und Kunden entsprechen.

Unser Ziel ist es als Menschen für Menschen beratend, unterstützend und therapeutisch tätig zu werden, um möglichst vielen Menschen ihre Gesundheit, als ihr höchstes Gut, so lange wie möglich zu erhalten.
Wir freuen uns auf die gemeinsame „Arbeit" mit Ihnen und sind dankbar, Sie auf ihrem Weg begleiten und unterstützen zu dürfen.

9 Sozialpädagogische Relevanz

Welche Rückschlüsse lassen sich nun aus dieser Arbeit ziehen und welche Bedeutung haben sie für SozialpädagogInnen bzw. für die sozialpädagogische Praxis? Für die Darstellung sozialpädagogisch relevanter Erkenntnisse und Ergebnisse dieser Arbeit soll zunächst wieder auf die in der Einleitung formulierten Fragen eingegangen werden. Dadurch wird ein Kreis geschlossen, in dem zu Beginn die z. Zt. vorherrschende Hypothese hinsichtlich eines möglichen Paradigmenwandels vorgestellt wurde. Gefolgt wurde diese von der Beschreibung des Ist – Zustandes, anhand eines aktuellen wissenschaftlichenDiskurses. Dem sich schließlich die Überprüfung der Hypothese, durch die Durchführung einer quantitativen Forschung, sowie der Verzahnung der in der Literaturrecherche und der Forschung gewonnenen Ergebnisse anschloss.

Zunächst wurde die Frage aufgeworfen, inwieweit sich überhaupt ein Paradigmenwandel vollzogen hat und welche Bereiche davon erfasst werden. Sowohl die Literaturrecherche als auch die durchgeführte Forschung haben ergeben, dass von einem vollzogenen Paradigmenwandel noch nicht die Rede sein kann. Zwar hat die Bundesregierung durch die Gesundheitsreform erste Schritte in diese Richtung eingeleitet, aber um von einem Paradigmenwandel sprechen zu können, muss noch ein langer Prozess des Umdenkens und der Neuorientierung innerhalb unseres Gesundheitswesens folgen. So müssen z. B. Strukturen dahingehend verändert werden, dass neue Professionen, wie die der Sozialen Arbeit in das Leistungssystem der Krankenkassen integriert werden können und zwar nicht nur als eine neue Form des „Heilhilfsberufes", sondern als autonome Leistungserbringer mit der Möglichkeit nach einem eigenen Abrechnungsmodus selbständig mit den Versicherungsträgern abrechnen zu können. Das würde vor allem auch bedeuten, dass die bislang klassischen Leistungserbringer, an deren Spitze in erster Linie die Ärzte stehen, ihre Monopolstellung zugunsten einer effektiveren und langfristig auch effizienteren gesundheitlichen Versorgung der Bevölkerung aufgeben müssen.
Es hat sich gezeigt, dass die Anforderungen im Gesundheitswesen durch den demographischen Wandel und die damit verbundene Zunahme chronischer Erkrankungen und bösartiger Neubildungen, verändert hat. Dieser Veränderung muss selbstverständlich auch eine Veränderung in der Struktur der Leistungserbringer folgen. Auch hier stehen die Akteure der Sozialen Arbeit durch ihre interdisziplinäre Ausrichtung und ihrer Fähigkeit,

langfristige Verhaltensveränderungen bei ihren Klienten erzielen zu können, an erster Stelle.

In der bereits erwähnten Metapher beschreibt Antonowsky das Leben als unbefestigtes Ufer eines reißenden Flusses, voller Gefahren, Biegungen und Stromschnellen, die das menschliche Leben bedrohen. Behält man dieses Bild im Auge, so werden medizinische Interventionen im günstigsten Fall immer nur in der Lage sein, den einzelnen Menschen kurzfristig aus diesem Fluss zu reißen, um ihn zu retten. Nach seiner Genesung muss er jedoch wieder zu diesem Fluss zurück und wird früher oder später unweigerlich wieder hineinfallen und der erneuten medizinischen Intervention bedürfen. Das bedeutet nicht nur, dass diese Interventionen langfristig gesehen sinnlos sind, da die Menschen immer wieder in die beschriebene hilfsbedürftige Situation geraten, sie fördern sogar das negative Selbstbild, hilflos und schutzlos den Krankheiten und Widrigkeiten des Lebens ausgeliefert zu sein. Damit wird eine Abhängigkeitsstruktur aufrechterhalten, die bei näherer Betrachtung nur für die Profession der Ärzte als alleinige „Retter" dienlich ist, da sie deren Monopol- und Allmachtstellung unterstützt und stärkt.

Die Interventionen der Sozialen Arbeit hingegen beinhalten die Chance eine langfristige, evtl. sogar dauerhafte Entropie im Leben des Einzelnen herbeizuführen, da sie auf Verhaltensänderung, Erwerb von mehr Ich - Kompetenz und Autonomie abzielen. Damit soll nicht der Eindruck erweckt werden, dass medizinische Intervention in vielen Fällen nicht durchaus sinnvoll und teilweise sogar lebensrettend ist. Sie ist immer dann angebracht, wenn „Gefahr in Verzug" ist, d. h. wenn es darum geht eine akut lebensbedrohliche Situation abzuwenden oder wenn der Leidensdruck eines Patienten schon so hoch ist, dass gesundheitsfördernde Interventionen nicht mehr „greifen". In solchen Fällen kann es sinnvoll sein, den Patienten mittels medizinischer Maßnahmen erst wieder in einen Zustand zu bringen, der sozialpädagogische Interventionen möglich macht. Erstrebenswert wäre hier eine auf Dauer angelegte interdisziplinäre Zusammenarbeit. Daraus würde sich letztlich mehr Gesundheit für den Einzelnen und Kostenersparnis, durch mehr Effektivität und Effizienz in der gemeinsamen Arbeit, für die Solidargemeinschaft ergeben.

Es wird deutlich, dass der Weg zu einem Vollzug des Paradigmenwandels noch weit ist und diesbezüglich noch viele Veränderungen stattfinden müssen. Vielleicht wäre es für die Professionen der Sozialen Arbeit leichter, wenn auch sie sich, ähnlich wie die Mediziner, in Verbänden zusammenschließen würden und so eine größere Lobby erhalten würden. Auf jeden

Fall müssen sie sich und vor allem ihre Fähigkeiten in der Öffentlichkeit mehr in den Vordergrund bringen.

Sozialpädagogische Interventionen eignen sich hervorragend für die Arbeit mit marginalisierten Bevölkerungsgruppen, um diese zu unterstützen und soziale Ungerechtigkeiten auszugleichen. Diese Interventionen eignen sich aber auch für zahlungskräftigen Bevölkerungsgruppen. Würden diese endlich mit in das Zielgruppensystem der Sozialen Arbeit aufgenommen, könnte sich dadurch nicht nur die finanzielle Situation von SozialpädagogInnen und SozialarbeiterInnen ändern, sondern auch ihr Image. Gleichzeitig könnten sie sich marginalisierten Bevölkerungsgruppen „großzügiger" zuwenden, weil finanzielle Rücklagen vorhanden wären, um diese Arbeit zu unterstützen.

Es ist abzusehen, dass bezüglich des Gesundheitswesens ein Umdenken in der Bevölkerung stattfinden muss. Viele Leistungen werden künftig von den Versicherten selbst zu tragen sein. Daraus ergibt sich ein neuer Markt für „Gesundheitsdienstleistungen", auf dem sich die Soziale Arbeit als wettbewerbsfähig erweisen und etablieren sollte.

Gerade jetzt, in dieser Zeit der Umstrukturierung, ist es besonders wichtig, die eigenen Handlungsfelder gegenüber anderen Professionen abzugrenzen und Ansprüche geltend zu machen, aber auch die Bevölkerung auf neue Möglichkeiten der Sozialen Arbeit aufmerksam zu machen.

Die zweite, schon in der Einleitung gestellte Frage war, ob das Konzept in der Bevölkerung bekannt ist oder ob sich das Wissen um die Salutogenese lediglich auf Fachkreise beschränkt. Hierüber konnte die durchgeführte empirische Erhebung weiterführende Informationen geben. Es ist festzuhalten, dass auch die Tatsache, dass 70 % der Befragten vorher noch nie etwas über das Konzept der Salutogenese gehört haben, nicht auf den Vollzug eines Paradigmenwandels hindeutet, zumindest nicht auf allen Ebenen.

Betrachtet man die Berufszugehörigkeiten der Personengruppen, denen das Konzept bekannt ist, findet man den größten Verbreitungsgrad im sozialen und im medizinischen Bereich. Das sind exakt die Bereiche, die innerhalb einer qualitativ hochwertigen und effizienten Gesundheitsversorgung Hand in Hand zusammenarbeiten sollten. Hierzu müssen jedoch, wie aus der im theoretischen Teil der Arbeit aufgeführten Recherche ersichtlich wird, noch entsprechende Grundlagen auf politischer, struktureller und rechtlicher Ebene geschaffen werden. Außerdem muss auch bei den Ärzten endlich ein Umdenken stattfinden hin zu mehr interdisziplinärer Zusammenarbeit und weg von einer tradierten Monopolstellung innerhalb des Gesundheitswesens. Die Sinnhaftigkeit dieses Bestrebens wird noch einmal deutlich, wenn man sich vor Augen hält, dass 54 % der Befragten, die an einer chronischen

Erkrankung leiden, noch nie über Maßnahmen der Gesundheitsförderung aufgeklärt wurden und das, obwohl gerade bei diesen Erkrankungen eine langfristige Verhaltensänderung der Patienten unumgänglich ist. Es gilt als wissenschaftlich abgesichert, dass gerade bei den chronischen Erkrankungen Maßnahmen zur Gesundheitsförderung in der Lage sind, Leiden zu lindern und beschwerdefreie Phasen zu verlängern. Auch über diese Tatsache wurde im theoretischen Teil der Arbeit schon ausführlich berichtet.

Eine Möglichkeit diesem Wissensdefizit innerhalb der Bevölkerung, bezüglich der Maßnahmen zur Gesundheitsförderung, insbesondere auch nach salutogenetischem Ansatz, zu begegnen, ist der Setting – Ansatz. Auch bei diesem handelt es sich wieder um einen Schwerpunkt der Sozialen Arbeit. Hier schließt sich also wiederum ein Kreislauf, der immer wieder die Verknüpfung von Gesundheitsförderung und Sozialer Arbeit hervorhebt.

Diese Verknüpfung soll durch die Beantwortung der Frage, inwieweit die salutogenetisch orientierte Intervention eine klassische sozialpädagogische Aufgabe ist, noch deutlicher hervorgehoben werden. Betrachtet man die Ausführungen zum Konzept der Salutogenese und vergleicht diese mit dem Ursprung und der Entwicklung, bzw. dem professionellen Selbstverständnis der Sozialen Arbeit, so wird deutlich, das die Förderung der Autonomie von Klienten, die Gesundheitsfürsorge und die Hilfe zur Selbsthilfe schon immer zu den Aufgaben der Sozialen Arbeit zählten. Man kann sagen, dass Gesundheitsförderung und Soziale Arbeit miteinander verwurzelt sind. Dies zeigt sich auch in den Methoden der Sozialen Arbeit, die genau wie im Konzept der Salutogenese darauf abzielen, Menschen dauerhaft dazu zu befähigen ihr Leben autonom und positiv zu gestalten. Zentraler Aspekt dabei ist, dass der einzelne Mensch dort abgeholt wird, wo er steht, das heißt beide, sowohl die Salutogenese als auch die Soziale Arbeit arbeiten personen- oder klientenzentriert. Beiden gleich ist auch das Aufbauen und Nutzbarmachen bereits vorhandener Ressourcen.

Es wird also deutlich, dass die enge Korrelation zwischen beiden begründet wird durch ein gemeinsames Ziel, nämlich der Befähigung von Menschen zu einem positven, möglichst autonomen Leben. Beide zielen darauf ab, sich überflüssig zu machen, indem sie Menschen dazu befähigen, ihr eigenes Leben in die Hand zu nehmen und positiv zu steuern.

Während andere Professionen sich diese Zielfestschreibung erst noch mühsam erarbeiten müssten, ist dies bei der Sozialen Arbeit ohnehin der Fall.

Eine weitere Begründung für die außerordentliche Befähigung der Sozialen Arbeit für salutogenetisch orientierte Interventionen liegt in ihrer Methodenvielfalt begründet, die es ermöglicht Interventionen so aufzubauen, dass sie wirklich am Klienten orientiert sind und nicht, wie es in der medizinischen Praxis leider allzu oft vorkommt, am Klienten / Patienten vorbei intervenieren. Gesundheitsförderung bedeutet in der Praxis sehr oft, eine langfristige Verhaltensveränderung zu initiieren und aufrecht zu erhalten. Gerade hier liegen die Erfahrungen und die Stärken der Sozialen Arbeit.

Wie unter dem Punkt „Entwicklung, Überprüfbarkeit und Wirkung" schon erläutert, werden die Implikationen und Konsequenzen, die sich aus Antonowskys Konzept für die Präventionspraxis ergeben, von Bengel als eher ernüchternd bezeichnet. Er bezieht sich dabei auf die mangelhafte Veränderbarkeit des Kohärenzgefühls im Erwachsenenalter. Dem jedoch widersprechen die Erkenntnisse und Erfahrungen der Erwachsenenpädagogik, die lebenslanges Lernen propagieren. Weiterhin führt er an, das individuumzentrierte Maßnahmen nicht greifen, wenn die strukturellen und gesellschaftlichen Bedingungen ungünstig sind. Eine Erkenntnis die sicherlich nicht neu ist und deren logische Schlussfolgerung der multifaktorelle und interdisziplinäre Ansatz ist, um langfristig veränderte strukturelle und gesellschaftliche Bedingungen zu schaffen. Bengel führt seine Äußerungen diesbezüglich aber auch selbst ad absurdum, wenn er weiter feststellt, dass das Modell der Salutogenese im Arbeitsfeld der Prävention als Meta - Theorie und als Legitimation für konzeptionelle Überlegungen und konkrete Maßnahmeplanungen dient und somit die Wichtigkeit dieses Beitrags unterstreicht. Er beschreibt das Konzept sogar als Rahmentheorie, durch die die Kritik am Risikofaktorenmodell kompensiert wird und diesem ein positives Konzept entgegensetzt. Weiterhin kritisiert er den stark differierenden Informationsstand der Anbieter gesundheitsfördernder Maßnahmen. Sicherlich ein Argument, das mit der Akzeptanz der sozialpädagogischen Profession, als Spezialisten, bei der Umsetzung des salutogenetischen Konzeptes, ausgeräumt werden kann.

Ulla Schmidt hat erklärt, das Gesundheitsförderung nicht nur als Aufgabe des Gesundheitswesens, sondern als gesamtgesellschaftliche Aufgabe betrachtet werden muss. Sicherlich ein beachtenswerter Aspekt, aber gerade hier liegt die Gefahr, das sich die Gesundheitsförderung und der salutogenetische Ansatz in einer „Nichtzuständigkeit" verliert. Deshalb ist es wichtig, hier konkrete Aufgabenzuteilungen sowohl von politischer als auch von rechtlicher Seite her, zu Gunsten der Akteure der Sozialen Arbeit, vorzunehmen.

Dadurch muss man unweigerlich auf die Frage stoßen, ob die Voraussetzungen zur Erfüllung dieser Aufgaben bereits vorliegen oder ob diese erst noch geschaffen werden müssen, um die vollständige Implikation des salutogenetischen Konzeptes in die Soziale Arbeit bzw. in das Gesundheitssystem zu gewährleisten.

Hier muss festgestellt werden, dass zwischen Sozialer Arbeit und Gesundheitsförderung eine tiefe Verwurzelung besteht. Dennoch ist eine Diskrepanz festzustellen, zwischen dem, was neuesten wissenschaftlichen Erkenntnissen entspricht und von gesundheitspolitischer Seite auch gefordert wird und dem derzeitigen Stand der Dinge. Obwohl von wissenschaftlicher und von gesundheitspolitischer Seite her eine Schwerpunktverlagerung hin zu mehr Gesundheitsförderung und Prävention gefordert wird, wird diesen Forderungen in der Praxis keine Rechnung getragen. Außerdem wurden weder von politischer noch von rechtlicher Seite ausreichende Grundlagen geschaffen um diesen Wandel wirklich zu vollziehen.

So scheint sich zur Zeit sowohl die Etablierung neuer Professionen als auch die Einführung neuer Methoden und Konzepte innerhalb des Gesundheitssystems als sehr schwierig zu gestalten. Dies sollte jedoch nicht zum Anlass genommen werden, sich aus der aktuellen Diskussion um einen möglichen Paradigmenwandel zurückzuziehen, sondern vielmehr als Ansporn dienen, diesbezügliche Informationsbemühungen noch zu intensivieren.

Professionen der sozialen Arbeit finden z. Zt. innerhalb der Gesundheitsförderung kaum Anwendung, da sie im Leistungskatalog der Leistungsanbieter nicht vorgesehen sind. Es steht ihnen lediglich ein geringer Rahmen zur Verfügung, in dem sie als eine Art „Heilhilfsarbeiter" gering dotierte Dienstleistungen in Form von Streßbewältigungsseminaren und Maßnahmen zum verantwortungsvollen Umgang mit Suchtmitteln erbringen können.

Selbst wenn es der sozialpädagogischen Profession gelingt, zunehmend in das Blickfeld gesundheitspolitischer Akteure zu gelangen, so ist in Zukunft auch weiterhin davon auszugehen, dass mit der Aufnahme neuer Leistungserbringer in den Leistungskatalog äußerst restriktiv verfahren wird.

Die Veränderung und Erneuerung des Gesundheitswesens, das über viele Jahre gewachsen ist und sich dementsprechend gefestigt hat, wird nur schrittweise vollzogen werden können. Trotzdem ist der Bedarf nach Erneuerung vorhanden und ein entsprechender Veränderungsprozess wurde bereits eingeleitet. Die Aufgabe der SozialpädagogInnen und SozialarbeiterInnen sollte es nun sein, diesen Prozess zu unterstützen, zu begleiten und voranzutreiben, denn auch hierbei geht es um Verhaltensänderungen. So müssen z. B. Politiker und andere Akteure des Gesundheitswesens oft erst aufmerksam und sensibel gemacht werden für die Ressourcen dieser Profession. Es müssen rechtliche und finanzielle Grundlagen geschaffen werden, die es den Leistungsanbietern ermöglichen, die Akteure der Sozialen Arbeit in ihren Leistungskatalog aufzunehmen.

Die Bevölkerung muss sensibilisiert werden für die Problematik, aber auch für die Chancen, die eine neue Betrachtungsweise hinsichtlich „Krankheit" und „Gesundheit" mit sich bringen. Sie muss informiert werden über das Konzept der Salutogenese, die Einflussmöglichkeiten der Sozialen Arbeit und die Möglichkeiten der Gesundheitsförderung.

Ein verändertes Bewusstsein muss aber auch bei den bereits im Gesundheitswesen etablierten Professionen, speziell den Ärzten, geschaffen werden. Hier gilt es Aufklärungsarbeit zu leisten, so bedeutet z. B. die Einführung des Empowermentkonzeptes in das Gesundheitssystem nicht, dass Patienten ärztlichen Anweisungen nicht mehr Folge leisten sollen, sondern dass die Motivation der Patienten lediglich von einer extrinsischen in eine intrinsische gewandelt werden soll und dass hieraus letztlich eine Win – Win - Situation resultiert.

Die einzelnen Akteure der Sozialen Arbeit sollten auch offen sein für neue Möglichkeiten, sich als Leistungsanbieter auf dem „Gesundheitsmarkt" zu etablieren. So ist es z. B., wie im Praxisbeispiel dieser Arbeit gezeigt wurde, durchaus möglich, salutogenetisch orientierte Gesundheitsförderungskonzepte für Institutionen zu konzipieren und diese als freier Anbieter auf dem Markt anzubieten. Eine weiterführende Arbeit könnte darin liegen, diesen Institutionen bei der Umsetzung des Konzeptes beratend zur Seite zu stehen, bzw. die Beschäftigten dahingehend zu schulen, dass sie in der Lage sind, das jeweilige Konzept umzusetzen und mit Leben zu füllen. Auch dies muss als Weg angesehen werden, die Verbreitung des Konzeptes voranzutreiben, aber auch sich als Profession zu etablieren.

Eine weitere Möglichkeit autonom Leistungen der Sozialen Arbeit anzubieten, wäre natürlich auch interne Gesundheitsförderungskonzepte für die Beschäftigten einer Institution zu entwickeln und innerhalb dieser Institutionen umzusetzen.

Gerade in der heutigen Arbeitsmarkt- und Wirtschaftsentwicklung ist es von besonderer Bedeutung, sich den jeweiligen strukturellen Gegebenheiten anzupassen und flexibel zu sein. Die Akteure der Sozialen Arbeit sollten daher nicht warten, bis ihnen ein „Platz" innerhalb der Gesundheitsförderung, bzw. innerhalb des Gesundheitswesens angeboten wird, sondern selbst an der Etablierung ihrer Profession und an der Schaffung neuer Strukturen richtungsweisend mitarbeiten. Nur so wird es auf Dauer gelingen, der Sozialen Arbeit einen festen Platz innerhalb der Gesundheitsförderung zu sichern und der eigenen Profession ein Ansehen zu schaffen, das ihren Leistungen entspricht.

Ein wichtiger Schritt in diese Richtung wäre die Etablierung selbständiger SozialpädagogInnen und SozialarbeiterInnen auf den freien Markt, sowie die Organisation in Berufsverbänden, ähnlich den Ärzteverbänden. Wenn sich die Akteure der Sozialen Arbeit einen gleichberechtigten Platz neben anderen Professionen sichern wollen, der sich auch in der Vergütung niederschlägt, müssen sie sich von dem gängigen Non – Profit – Image befreien und sich als freie Anbieter sozialer Leistungen auf dem Markt behaupten.

Nach salutogenem Vorbild sollten sie Hindernisse auf diesem Weg als Herausforderung ansehen, die es zu beseitigen oder zu bewältigen gilt und letztlich zu mehr Wachstum, im Sinne von Kohärenz, verhelfen.

Die Steine fallen von ganz allein,
Dir mitten in den Weg hinein.
Du brauchst sie nicht zu rufen
Erst später wird Dir manchmal klar,
dass Sinn auch in dem Unheil war.
Aus Steinen wurden Stufen!
Erich Limpach

D Literaturverzeichnis

Antonowsky, A. (1997): Salutogenese; Tübingen: dgvt-Verlag

Bartsch, H. H.; Bengel, J.(Hrsg.) (1997): Salutogenese in der Onkologie; Basel. Freiburg, Paris, London, New York, New Delhi, Bangkok, Singapur, Tokyo, Sydney: Karger

Beck -Texte (2002): SGB V, Gesetzliche Krankenversicherung, 11. Auflage; München: dtv

Bengel, J.(2001): Was erhält Menschen gesund?; Köln: Bundeszentrale für gesundheitliche Aufklärung

Birker, K. (1995): Projektmanagement; Berlin: Cornelsen Giradet
Bortz, J.; Döring, N. (2002): Forschungsmethoden und Evaluation; Berlin, Heidelberg, New York, Barcelona, Hongkong, London, Mailand, Paris, Tokio: Springer

Deutscher Bundestag, Drucksache 14/9885 (2002): Stellungnahme des Bundesministeriums für Gesundheit zum Gutachten des Sachverständigenrates für die Konzentrierte Aktion im Gesundheitswesen: „Bedarfsgerechtigkeit und Wirtschaftlichkeit"

Deutscher Verein für öffentliche Fürsorge (1997): Fachlexikon der sozialen Arbeit; Stuttgart, Berlin, Köln: Kohlhammer

Diethelm (2000): Projektmanagement Band 1 und 2; Herne, Berlin: Verlag Neue Wirtschafts-Briefe GmbH & Co.

Ewers, M., Schaeffer, D. (Hrsg.) (2000): Case Management in Theorie und Praxis; Bern, Göttingen, Toronto, Seattle: Verlag Hans Huber

Faltermaier, T. (1994): Gesundheitsbewußtsein und Gesundheitshandeln; Weinheim: Beltz

Faltmaier, T. (1999): Subjektorientierte Gesundheitsförderung; in Röhrle, B.; Sommer, G. (Hrsg.): Prävention und Gesundheitsförderung; Tübingen: dgvt - Verlag

Ferber, Ch.; Laaser, U.; Lützenkirchen, A. (2001): Gesundheitswissenschaften – Gesundheitserziehung; in Bundesvereinigung für Gesundheit (Hrsg.) (2001): Gesundheit: Strukturen und Handlungsfelder; Neuwied

Franzkowiak, P.; Sabo, P. (Hrsg.) (1998): Dokumente der Gesundheitsförderung; Mainz: Verlag Peter Sabo

Galuske, M. (1998): Methoden der Sozialen Arbeit; Weinheim und München: Juventa

Gerlinger, T. (2002): Zwischen Korporatismus und Wettbewerb: Gesundheitspolitische Steuerung im Wandel; Veröffentlichungsreihe der Arbeitsgruppe Public Health, Wissenschaftszentrum Berlin für Sozialforschung

Gesundheitsakademie (Hrsg.) (2000): Salutive; Frankfurt am Main: Mabuse – Verlag

Glaeske, G.; u. a. (2001): Weichenstellung für die Zukunft – Elemente einer neuen Gesundheitspolitik; Veröffentlichung der Friedrich-Ebert-Stiftung, Gesprächskreis Arbeit und Soziales; „Mittel- und langfristige Gestaltung des deutschen Gesundheitswesens; Berlin

Hering, S.; Münchmeier, R. (2000): Geschichte der Sozialen Arbeit; München, Weinheim: Juventa Verlag

Bäcker, G.; Bispinck, R.; Hofemann, K.; Naegele, G. (2000): Sozialpolitik und soziale Lage in Deutschland; Köln, Frankfurt: Westdeutscher Verlag

Geißler, K. A.; Hege, M. (2001): Konzepte sozialpädagogischen Handelns; Weinheim, Basel: Beltz Verlag

Homfeldt, H. G. (2002): Soziale Arbeit im Gesundheitswesen und in der Gesundheitsförderung, in Thole,W.: Grundriss Soziale Arbeit; Opladen: Leske + Budrich

Hurrelmann, K.; Laaser, U. (Hrsg.) (1993): Gesundheitswissenschaften; Weinheim, Basel: Beltz

Hurrelmann, K. (1991): Sozialisation und Gesundheit; Weinheim, München: Juventa

Leppin, A. (1994): Bedingungen des Gesundheitsverhaltens; Weinheim, München: Juventa

Litke, Hans-D. (1991): Projektmanagement; München, Wien: Carl Hanser Verlag

Müller, C. W. (2001): Helfen und Erziehen; Soziale Arbeit im 20. Jahrhundert; Weinheim, Basel: Beltz Verlag

Oltmann, Iris (1999): Projektmanagement; Reinbeck bei Hamburg: , Rowohlt Verlag

Poenicke, K. (1988): Wie verfaßt man wissenschaftliche Arbeiten; Mannheim, Wien Zürich: Duden

Pyerin, B. (2001): Kreatives wissenschaftliches Schreiben; Weinheim, München: Juventa

Riedel, U. (2000): Rahmenziele des Bundesgesundheitsministeriums für Gesundheit für die Entwicklung der Gesundheitsförderung in Deutschland, in Gesundheits Akademie e.V.; Salutive: Beiträge zur Gesundheitsförderung und zum Gesundheitstag 2000; Frankfurt: Mabuse – Verlag

Rosenbrock, R.: Gesundheitspolitik, in Hurrelmann, K.; Laaser, U. (Hrsg.) (1993): Gesundheitswissenschaften; Weinheim, Basel: Beltz

Sachverständigenrat für die Konzertierte Aktion im Gesundheitswesen (2000/2001): Gutachten „Bedarfsgerechtigkeit und Wirtschaftlichkeit"

Schiffer, E. (2001): Wie Gesundheit entsteht; Weinheim, Basel: Beltz

Schilling, G. (2000): Projektmanagement; Berlin: Gert Schilling Verlag

Schilling, J. (1995): Didaktik / Methodik der Sozialpädagogik; Neuwied, Kriftel, Berlin: Luchterhand

Schmidt, U. (2001): Qualität sichern – Wirtschaftlichkeit steigern, Rede anläßlich der Veranstaltung „Mittel- und langfristige Gestaltung des Gesundheitswesens", der Friedrich-Ebert-Stiftung; Berlin

Schmidt, U. (2002): Rede anläßlich der Gründung des Forums Prävention und Gesundheitsförderung; Berlin

Schnell, R.; Hill, P.B.; Esser, E. (1999): Methoden der empirischen Sozialforschung; München, Wien: Oldenbourg Verlag

Schüffel, W.(Hrsg.); u. a. (1998): Handbuch der Salutogenese; Wiesbaden: Ullstein Medical

Schubert, H. (Hrsg.) 2001: Sozialmanagement, Zwischen Wirtschaftlichkeit und fachlichen Zielen; Opladen: Leske + Budrich

Schwartz, F. W., u. a. (1998): Das Publik Health Buch; München, Wien, Baltimore: Urban & Schwarzenberg

Statistisches Bundesamt (2003): Gesundheit, Ausgaben und Personal 2001 (Presseausgabe), Wiesbaden

Sting, S.; Zurhorst, G. (Hrsg.) (2000): Gesundheit und Soziale Arbeit; Weinheim, München: Juventa

Thole, W. (Hrsg.) (2000): Grundriss Soziale Arbeit; Opladen: Leske + Budrich

Troschke von, J. (1993): Gesundheits- und Krankheitsverhalten, in Gesundheitswissenschaften; Weinheim, Basel: Beltz

Walter, U.; Schwartz, F. W.: (2001): Gutachten – Prävention im deutschen Gesundheitswesen für die Kommision Humane Dienste
Weitkunat, R.; Haisch, J.; Kessler, M. (Hrsg.) (1997): Publik Health und Gesundheitspsychologie; Bern, Göttingen, Toronto, Seattle: Huber

Weinberger, S. (1998): Klientenzentrierte Gesprächsführung; Weinheim. Basel: Beltz Verlag

Internetadressen:
www.bfarm.de
www.bzga.de
www.destatis.de

www.gbe-bund.de
www.pei.de
www.rki.de
www.sozialpolitik-aktuell.de
www.svr-gesundheit.de
www.naturheilkunde-koeppel.de

der vor

7. Das Leben ist

ausgesprochen interes-   1 2 3 4 5 6 7   reine Routine
sant

8. Bis jetzt hatte Ihr Leben

überhaupt keine klaren   1 2 3 4 5 6 7   sehr klare Ziele und ei-
Ziele oder einen Zweck   nen Zweck

9. Haben Sie das Gefühl, ungerecht behandelt zu werden?

sehr oft   1 2 3 4 5 6 7   sehr selten oder nie

10. In den letzten 10 Jahren war Ihr Leben

voller Veränderungen   1 2 3 4 5 6 7   ganz beständig und klar
Ohne dass Sie wußten,
was als nächstes pas-
siert

11. Das meiste, was Sie in Zukunft tun werden, wird wahrscheinlich

völlig faszinierend sein   1 2 3 4 5 6 7   todlangweilig sein

12. Haben Sie das Gefühl, in einer ungewohnten Situation zu sein

und nicht zu wissen, was Sie tun sollen?

sehr oft   1 2 3 4 5 6 7   sehr selten oder nie

13. Was beschreibt am besten, wie Sie das Leben sehen?

man kann für schmerzli-   1 2 3 4 5 6 7   es gibt keine Lösungen
che für Dinge im Leben   schmerzliche Dinge im
immer eine Lösung fin-   Leben
den

14. **Wenn Sie über Ihr Leben nachdenken, passiert es sehr häufig, dass Sie**

fühlen, wie schön es ist   1 2 3 4 5 6 7   sich frage, warum Sie
zu leben   überhaupt da sind

15. **Wenn Sie vor einem schwierigen Problem stehen, ist die Wahl einer Lösung**

immer verwirrend und   1 2 3 4 5 6 7   immer völlig klar
schwierig

16. **Das, was Sie täglich tun, ist für Sie eine Quelle**

tiefer Freude und Zufrie-   1 2 3 4 5 6 7   von Schmerz und Lan-
denheit   geweile

17. **Ihr Leben wird in Zukunft wahrscheinlich**

voller Veränderungen   1 2 3 4 5 6 7   ganz beständig und klar
sein, ohne dass Sie   sein
wissen, was als näch-
stes passiert

18. **Wenn in der Vergangenheit etwas unangenehmes geschah, neigten Sie dazu,**

sich daran zu verzehren   1 2 3 4 5 6 7   zu sagen: „Nun gut, seis
                                                    drum, ich muß damit
                                                    leben" und weiterma-
                                                    chen

19. **Wie oft sind Ihre Gefühle und Ideen ganz durcheinander?**

sehr oft   1 2 3 4 5 6 7   sehr selten oder nie

20. Wenn Sie etwas machen, das Ihnen ein gutes Gefühl gibt,

werden Sie sich sicher   1 2 3 4 5 6 7   wird sicher etwas ge-
auch weiter gut fühlen   schehen, das das Ge-
                                             fühl verdirbt

21. Kommt es vor, dass Sie Gefühle haben, die Sie lieber nicht hätten?

sehr oft   1 2 3 4 5 6 7   sehr selten oder nie

22. Sie nehmen an, dass Ihr zukünftiges Leben

ohne jeden Sinn und   1 2 3 4 5 6 7   voller Sinn und Zweck
Zweck sein wird   sein wird

23. Glauben Sie, dass es in Zukunft immer Personen geben wird, auf die Sie zählen können?

Sie sind sich dessen   1 2 3 4 5 6 7   Sie zweifeln daran
ganz sicher

24. Kommt es vor, dass Sie das Gefühl haben, nicht ganz genau zu wissen, was gerade passiert?

sehr oft   1 2 3 4 5 6 7   sehr selten oder nie

25. Viele Menschen – auch solche mit einem starken Charakter – fühlen sich in bestimmten Situationen wie ein Pechvogel oder Unglücksrabe. Wie oft haben Sie sich in der Vergangenheit so gefühlt?

nie   1 2 3 4 5 6 7   sehr oft

26. Wenn etwas passierte, fanden Sie im allgemeinen, dass Sie dessen Bedeutung

über- oder unterschät-   1 2 3 4 5 6 7   richtig einschätzen
zen

27. Wenn Sie an Schwierigkeiten denken, mit denen Sie in wichtigen Lebensbereichen wahrscheinlich konfrontiert werden, haben Sie das Gefühl, dass

| es ihnen immer gelingen wird, die Schwierigkeiten zu meistern | 1 2 3 4 5 6 7 | Sie die Schwierigkeiten nicht werden meistern können |

28. Wie oft haben Sie das Gefühl, dass die Dinge, die Sie täglich tun, wenig Sinn haben?

| sehr oft | 1 2 3 4 5 6 7 | sehr selten oder nie |

29. Wie oft haben Sie Gefühle, bei denen Sie nicht sicher sind, ob Sie sie kontrollieren können?

| sehr oft | 1 2 3 4 5 6 7 | sehr selten oder nie |

Quelle: Antonowsky 1997, S. 192 – 196

Die Tabelle zeigt für jedes Item die Zuordnung zu den drei Komponenten des SOC: V = Verstehbarkeit, H = Handhabbarkeit, B = Bedeutsamkeit. In der Spalte „Facettenelemente" ist die Profilstruktur der Items entsprechend der Ableitung aus dem Abbildungssatz angegeben. Die vier Ziffern repräsentieren die Elemente der Facetten A, B, C und D. Die Werte in den einzelnen Komponenten des SOC und der SOC – Gesamtwert ergeben sich durch Addition der Skalenwerte, wobei die in der Spalte „Polung" gekennzeichnete Richtung (positiv/negativ) berücksichtigt werden muß: Bei positiv gepolten Items geht der jeweilige Skalenwert ein; wurde z.B. eine 2 angekreuzt, so beträgt der zu addierende Wert 2. Bei negativ gepolten Items dagegen erhält der niedrigste Skalenwert (also 1) den höchsten zu addierenden Wert (also 7); wurde auf einer negativ gepolten Skala eine 2 angekreuzt, so beträgt der zu addierende Wert somit 6, bei einer 3 wäre er 5 usw. (ANTONOWSKY 1997, S. 196)

Anhang – A2: Kodifizierung der Items

Item – Nr.	SOC - Komponente	Facetten - Elemente	Richtung	Kurzform
1	V	1312	Negativ	
2	H	1111	Positiv	
3	V	1322	Positiv	
4	B	1222	Negativ	K
5	V	1221	Negativ	K
6	H	1221	Negativ	K
7	B	2332	Negativ	
8	B	2331	Positiv	K
9	H	1222	Positiv	K
10	V	2331	Positiv	
11	B	1313	Negativ	
12	V	2232	Positiv	K
13	H	2332	Negativ	
14	B	2132	Negativ	
15	V	1112	Positiv	
16	B	1312	Negativ	K
17	V	2333	Positiv	
18	H	3211	Positiv	
19	V	2122	Positiv	K
20	H	1113	Negativ	
21	V	3122	Positiv	K
22	B	2333	Positiv	
23	H	1223	Negativ	
24	V	2233	Positiv	
25	H	3131	Negativ	K
26	V	1211	Positiv	K
27	H	1313	Negativ	
28	B	1212	Positiv	K
29	H	1322	positiv	K

Quelle: Antonowsky 1997, S.197

Anhang – A3: Auswertungsschema

Item – Nr.	Polung	V
1	-	
3	+	
5	-	
10	+	
12	+	
15	+	
17	+	
19	+	
21	+	
24	+	
26	+	

Summe V: _____

Item – Nr.	Polung	H
2	+	
6	-	
9	+	
13	-	
18	+	
20	-	
23	-	
25	-	
27	-	
29	+	

Summe H: _____

Item – Nr.	Polung	B
4	-	
7	-	
8	+	
11	-	
14	-	
16	-	
22	+	
28	+	

Summe B: _____

SOC – Gesamt: _____

Quelle: Antonowsky 1997, S.198

Anhang – A4: Fragebogen zu einem Konzept der Gesundheitsförderung

Fragebogen zu einem Konzept der Gesundheitsförderung

Bitte lesen Sie sich das im Folgenden dargestellte Konzept aufmerksam durch und beantworten Sie die nachfolgenden Fragen. Für evtl. Rückfragen stehe ich Ihnen unter der Rufnummer 0221 – 277 18 74 oder über e-mail praxis@naturheilkunde-koeppel.de gerne zur Verfügung. Für Ihre Mitarbeit möchte ich mich ganz herzlich bedanken!

Gesundheitsförderung bedeutet Menschen dazu zu unterstützen ein möglichst gesundes, unabhängiges Leben zu führen. Ein Konzept der Gesundheitsförderung ist das Konzept der Salutogenese des Medizinsoziologen Aron Antonowsky. Er beschäftigte sich mit der Frage was Menschen dazu befähigt gesund zu leben. Antonowsky beschreibt dazu folgendes Bild: Menschen bewegen sich Ihr Leben lang auf den unbefestigten Ufern eines reißenden Flusses. Irgendwann stürzen sie in den Fluß und drohen zu ertrinken. Die Medizin rettet sie aus dem Fluß und pflegt sie gesund. Danach entläßt sie die Menschen wieder an den Fluß und irgendwann fallen sie erneut hinein. Wieder rettet sie die Medizin, jedoch anscheinend ohne nachhaltige Wirkung in Form einer Verhaltensänderung oder eines anderen Schutzes. Im Gegensatz dazu verfolgt der salutogene Ansatz das Ziel Menschen Schwimmen zu lehren und versetzt sie dadurch in die Lage, sich nachhaltig selbst zu helfen. Das Konzept der Salutogenese strebt also im Grunde danach sich überflüssig zu machen, in dem es Menschen zu mehr Kompetenz und Autonomie und somit zu mehr Gesundheit verhilft.

Möglichkeiten salutogenetisch orientierter Maßnahmen sind z.B.:

1. Maßnahmen zum besseren Umgang mit Stress

- Autogenes Training, Progressive Muskelentspannung, Yoga, etc.

2. Maßnahmen zur Verhinderung ernährungsbedingter Erkrankungen

– Ernährungsberatung, Psychosoziale Beratung, etc.

3. Maßnahmen zur Verhinderung von Bewegungsmangel
- Lauftreff, Walking, Rückenschule, Wassergymnastik, etc.

4. Unterstützende Maßnahmen bei chronischen Erkrankungen
- Psychosoziale Beratung, Maßnahmen zur Verhaltensänderung, etc.

A. Angaben zum Konzept der Salutogenese

1. Haben Sie vor dieser Befragung schon einmal etwas über das Konzept der Salutogenese gehört oder gelesen, wenn ja, in welchem Zusammenhang?

_____

_____

_____

_____

_____

2. Wie gefällt Ihnen dieses Konzept? Was gefällt Ihnen besonders gut, was weniger und welche Aspekte überhaupt nicht?

_____

_____

_____

_____

_____

3. Könnten Sie sich vorstellen sich oder eines Ihrer Familienmitglieder nach diesem Konzept beraten und / oder behandeln zu lassen, um Ihre Gesundheit nachhaltig zu stärken?

_____

_____

_____

_____

_____

4. Wie beurteilen Sie die Wirksamkeit des Konzeptes?

_____

_____

_____

_____

_____

B.   Angaben zum Gesundheitszustand

1. Leiden Sie unter einer chronischen Erkrankung? Wenn ja welche? Wenn nein, fahren Sie bitte mit der Beantwortung von Frage 4, dieses Abschnitts, fort!

_____

_____

_____

_____

_____

_____

_____

_____

2. Bei welchen Fachrichtungen haben Sie diesbezüglich um Hilfe ersucht?

ÄrzteInnen   ☐

PsychologenInnen   ☐

HeilpraktikerInnen   ☐

Beratungsstelle   ☐

Fachrichtung:_____

sonstige wenn ja, welche_____

3. Wie wurden Sie behandelt?

Naturheilkundliche Behandlung ☐

Medikamentös   ☐

Operativ   ☐

Beratend   ☐

Sonstiges wenn ja, was?   ☐

4. Wurden Sie jemals über Maßnahmen der Gesundheitsförderung aufgeklärt? Wenn ja, beschreiben Sie bitte Art und Umfang dieser Aufklärung, und durch wen diese Aufklärung erfolgte.

_____

_____

_____

_____

_____

_____

_____

_____

_____

_____

_____

5. Wie würden Sie Ihren momentanen Gesundheitszustand auf einer Skala von 1 – 10 bewerten? Bitte kreuzen Sie an!

Schlecht   1   2   3   4   5   6   7   8   9   10   gut

6. Haben Sie schon einmal an Maßnahmen zur Gesundheitsförderung teilgenommen? Wenn ja welche?

Autogenes Training   ☐

Progressive Muskelentspannung ☐

Rückenschule   ☐

Lauftreff   ☐

Ernährungsberatung   ☐

Psychosoziale Beratung   ☐

Sonstiges   _____

C.   Angaben zur Person

1. Geburtsjahr   19____

2.   Geschlecht

weiblich   ☐   männlich   ☐

2. Familienstand

ledig   ☐
verheiratet   ☐
nicht-eheliche Lebensgemeinschaft   ☐
dauernd getrennt lebend   ☐
geschieden   ☐
verwitwet   ☐

3. Haben Sie Kinder?

Nein   ☐   Wenn ja, wieviele _____

4. Höchster erreichter Ausbildungsstand

Hauptschule   ☐
Mittlere Reife   ☐
Abitur   ☐
Abgeschlossenes Studium   ☐
Berufsbezogene Ausbildung   _____

5. Beruf

arbeitslos   ☐   StudentIn   ☐
Sozialer Bereich   ☐   Technischer Bereich   ☐
Medizinischer Bereich   ☐   Verwaltung   ☐
Sonstiges   _____

- CENTRO VERITAS -

Gesundheitszentrum

Seminarangebote

Angebote für Kinder und Jugendliche

Unsere Angebote für Kinder sollen Kinder stark machen und sie dadurch schützen, vor Drogen und Gewalt gegenüber oder durch Dritte. Dieser pädagogische Anspruch wird durch unsere qualifizierten Seminarleiter stets berücksichtigt. Der Grundgedanke besteht in der Förderung der Lebens- und Bewältigungskompetenz. Für die Kinder selbst soll der Spaß am Seminar und miteinander im Vordergrund stehen. Dadurch erlernen sie spielerisch soziale Kompetenzen und die Fähigkeit sich und andere adäquat wahrzunehmen und einzubringen.

Autogenes Training

Progressive Muskelentspannung

Yoga für Kinder

Kunst für Kinder

Erlebnisnachtwanderung für Nachteulen

Tanz- und Bewegungsspiele

Kinderturnen

Kinderschwimmen

Experimente mit Ton